Thomas von Aquin | De electione humana

Great Papers Philosophie

Thomas von Aquin

Quaestiones disputatae: De electione humana

Wissenschaftliches Streitgespräch über die Frage der menschlichen Wahl

Übersetzt und herausgegeben von Andreas Speer

Reclam

RECLAMS UNIVERSAL-BIBLIOTHEK Nr. 14471
2024 Philipp Reclam jun. Verlag GmbH,
Siemensstraße 32, 71254 Ditzingen
Gestaltung: Cornelia Feyll, Friedrich Forssman
Druck und Bindung: Esser printSolutions GmbH,
Untere Sonnenstraße 5, 84030 Ergolding
Printed in Germany 2024
RECLAM, UNIVERSAL-BIBLIOTHEK und
RECLAMS UNIVERSAL-BIBLIOTHEK sind eingetragene Marken der Philipp Reclam jun. GmbH & Co. KG, Stuttgart
ISBN 978-3-15-014471-8

www.reclam.de

Quaestiones disputatae:
De electione humana

Wissenschaftliches Streitgespräch über
die Frage der menschlichen Wahl

Quaestiones disputatae de malo
Quaestio Sexta: De electione humana

Quaestio est de electione humana. Et primo quaeritur, utrum homo habeat liberam electionem suorum actuum, aut ex necessitate eligat. Et videtur quod non libere, sed ex necessitate eligat.

1. Dicitur enim Ier. X: *non est hominis via eius, nec viri est ut ambulet et dirigat gressus suos.* Sed illud respectu cuius homo habet libertatem, eius est, quasi in ipsius dominio constitutum. Ergo videtur quod homo suarum viarum et suorum actuum liberam electionem non habeat.
2. Sed dicebat, quod hoc refertur ad executionem electionum, quae interdum non sunt in hominis potestate. – Sed contra est, quod Apostolus dicit ad Ro. IX: *non est volentis*, scilicet velle, *neque currentis*, scilicet currere; *sed miserentis Dei.* Sed sicut currere pertinet ad exteriorem executionem actuum, ita velle ad interiorem electionem. Ergo etiam interiores electiones non sunt in hominis potestate, sed sunt homini ex Deo.
3. Sed dicebat, quod homo ad eligendum movetur quodam interiori instinctu, scilicet ab ipso Deo, et immobi-

Wissenschaftliche Streitgespräche über die Frage des Bösen
Sechste Frage: Über die menschliche Wahl

Die Frage handelt von der menschlichen Wahl. Zuerst wird gefragt, ob der Mensch die freie Wahl hinsichtlich seiner Handlungen besitzt oder aus Notwendigkeit wählt. Es scheint, dass er nicht frei, sondern aus Notwendigkeit wählt.

1. Es sagt nämlich Jeremias (10,23): *Der Weg des Menschen ist nicht seiner, noch kommt es ihm zu, herumzugehen und seine Schritte zu lenken.* Aber dasjenige, hinsichtlich dessen der Mensch die Freiheit hat, gehört ihm, als sei es in seine Gewalt gegeben. Daher scheint der Mensch nicht die freie Wahl hinsichtlich seiner Wege und Handlungen zu haben.
2. Aber es wurde eingewandt, dass dies sich auf die Ausführung der Wahlentscheidungen bezieht, die mitunter nicht in der Gewalt des Menschen sind. – Dagegen sagt jedoch der Apostel Paulus im Römerbrief (9,16): *Es ist nicht Sache des Wollenden,* nämlich zu wollen, *noch des Laufenden,* nämlich zu laufen, *sondern des sich erbarmenden Gottes.* Wie aber das Laufen zur äußeren Ausführung von Handlungen gehört, so das Wollen zur inneren Wahl. Daher sind auch die inneren Wahlentscheidungen nicht in der Gewalt des Menschen, sondern kommen dem Menschen von Gott her zu.
3. Es wurde aber eingewandt, dass der Mensch zum Wählen durch einen inneren Antrieb bewegt wird, nämlich

liter; non tamen hoc repugnat libertati. – Sed contra est, quod cum omne animal moveat seipsum per appetitum, alia tamen animalia ab homine non habent liberam electionem, quia eorum appetitus a quodam exteriori movente movetur, scilicet ex virtute corporis caelestis, vel ex actione alicuius alterius corporis. Si igitur voluntas hominis immobiliter movetur a Deo, sequitur quod homo non habeat liberam electionem suorum actuum.

4. Praeterea. Violentum est cuius principium est extra, nil conferente vim passo. Si igitur voluntate electionis principium sit ab extra, scilicet Deus, videtur quod voluntas per violentiam et ex necessitate moveatur. Non ergo habet liberam electionem suorum actuum.

5. Praeterea. Impossibile est voluntatem hominis discordare a voluntate Dei; quia sicut Augustinus dicit in Encheridion, aut homo facit quod vult Deus, aut Deus de eo suam voluntatem implet. Sed voluntas Dei est immutabilis, ergo et voluntas hominis. Omnes ergo humanae electiones ex immobili electione procedunt.

6. Praeterea. Nullius potentiae actus potest esse nisi in suum obiectum; sicut visus actio non potest esse nisi circa visibile. Sed obiectum voluntatis est bonum, ergo voluntas non potest velle nisi bonum. Ex necessitate ergo

von Gott selbst, auf unbewegliche Weise. Dies widerstreitet aber dennoch nicht der Freiheit. – Dagegen aber steht: Obgleich jedes Lebewesen sich mittels seines eigenen Strebevermögens bewegt, haben dennoch andere Lebewesen als der Mensch kein freies Wahlvermögen, weil ihr Strebevermögen von einem äußeren Beweger bewegt wird, nämlich von der Kraft eines Himmelskörpers oder durch die Tätigkeit eines anderen Körpers. Wenn also der Wille des Menschen auf unbewegliche Weise von Gott bewegt wird, folgt daraus, dass der Mensch keine freie Wahl hinsichtlich seiner Handlungen besitzt.

4. Gewaltsam ist, dessen Prinzip außerhalb ist, während der Gewalt Leidende nichts beiträgt. Wenn daher das Prinzip der Wahl in Bezug auf den Willen von außerhalb, nämlich von Gott, kommt, scheint der Wille durch Gewalt und aus Notwendigkeit bewegt zu werden. Also besitzt er nicht die freie Wahl hinsichtlich seiner Handlungen.

5. Unmöglich kann der Wille des Menschen vom Willen Gottes abweichen. Denn wie Augustinus im Enchiridion sagt, macht der Mensch entweder, was Gott will, oder Gott erfüllt seinen Willen an ihm. Der Wille Gottes aber ist unveränderlich, also auch der Wille des Menschen. Alle menschlichen Wahlentscheide gehen daher aus einer unveränderlichen Wahl hervor.

6. Keine Tätigkeit eines Vermögens kann ohne sein Objekt sein. So kann es keine Tätigkeit des Sehvermögens ohne Bezug auf etwas Sichtbares geben. Aber das Objekt des Willens ist das Gute, also kann der Wille nichts außer das Gute wollen. Aus Notwendigkeit also will er

vult bonum et non habet liberam electionem boni vel mali.

7. Praeterea. Omnis potentia ad quam comparatur suum obiectum ut movens ad mobile, est potentia passiva, et suum operari est pati; sicut sensibile movet sensum; unde sensus est potentia passiva, et sentire est quoddam pati. Sed obiectum voluntatis comparatur ad voluntatem ut movens ad mobile: dicit enim Philosophus III De anima et IX Metaphisice, quod appetibile est movens non motum, appetitus autem movens motum. Ergo voluntas est potentia passiva, et velle est pati. Sed omnis potentia passiva ex necessitate movetur a suo activo, si sit sufficiens. Ergo videtur quod voluntas de necessitate moveatur ab appetibili, non ergo est liberum homini velle vel non velle.

8. Sed dicebat, quod voluntas habet necessitatem respectu finis ultimi, quia omnis homo ex necessitate vult esse beatus, non autem respectu eorum quae sunt ad finem. – Sed contra. Sicut finis est obiectum voluntatis, ita et id quod est ad finem; quia utrumque habet rationem boni. Si igitur voluntas ex necessitate movetur in finem, videtur etiam quod ex necessitate moveatur in id quod est ad finem.

9. Praeterea. Ubi est idem motivum et idem mobile, est et idem modus movendi. Sed cum aliquis vult finem et ea

das Gute und hat keine freie Wahl hinsichtlich des Guten und des Bösen.

7. Jedes Vermögen, zu dem sein Objekt sich verhält wie Bewegendes zu Bewegbarem, ist ein passives Vermögen, und sein Tätigsein ist ein Erleiden. So bewegt das Sinnliche den Sinn. Daher ist der Sinn ein passives Vermögen, und sinnlich zu empfinden ist gewissermaßen ein Erleiden. Aber das Objekt des Willens verhält sich zum Willen wie Bewegendes zum Bewegbaren. Es sagt nämlich Aristoteles im dritten Buch von *De anima* und im neunten Buch der *Metaphysik*, dass das Erstrebbare ein unbewegtes Bewegendes, das Strebevermögen aber ein bewegtes Bewegendes ist. Also ist der Wille ein passives Vermögen und Wollen ist Erleiden. Aber ein jedes passives Vermögen wird aus Notwendigkeit von seinem Beweger bewegt, wenn dieser hinreichend ist. Also scheint der Wille aus Notwendigkeit von dem Erstrebbaren bewegt zu werden, und folglich steht es dem Menschen nicht frei, zu wollen und nicht zu wollen.

8. Hingegen sagt man, dass der Wille eine Notwendigkeit hinsichtlich des letzten Zieles besitzt, weil ein jeder Mensch mit Notwendigkeit glückselig sein will, nicht aber in Hinblick auf die Mittel zum Ziel. – Dagegen spricht: Wie das Ziel das Objekt des Willens ist, so auch das Mittel zum Ziel; denn ein jedes steht in einem Verhältnis zum Guten. Wenn daher der Wille aus Notwendigkeit zum Ziel bewegt wird, scheint er auch aus Notwendigkeit auf das hin bewegt zu werden, was Mittel zum Ziel ist.

9. Wo derselbe Beweggrund und dasselbe Bewegbare vorliegen, dort gibt es auch dieselbe Art der Bewegung.

quae sunt ad finem, idem est quod movetur, scilicet voluntas, et idem est movens: quia ea quae sunt ad finem non vult aliquis, nisi in quantum vult finem. Ergo est idem modus movendi, ut scilicet sicut aliquis ex necessitate vult finem ultimum, ita ex necessitate vult ea quae sunt ad finem.

10. Praeterea. Sicut intellectus est potentia separata a materia, ita et voluntas. Sed intellectus ex necessitate movetur a suo obiecto: cogitur enim homo ex necessitate assentire alicui veritati per violentiam rationis. Ergo eadem ratione et voluntas necessario movetur a suo obiecto.

11. Praeterea. Dispositio primi moventis relinquitur in omnibus sequentibus, quia omnia secunda moventia movent in quantum sunt mota a primo movente. Sed in ordine motuum voluntariorum primum movens est appetibile apprehensum. Cum igitur apprehensio appetibilis necessitatem patiatur, si per demonstrationem probetur aliquid esse bonum, videtur quod necessitas derivetur ad omnes motus sequentes; et ita voluntas non libere, sed ex necessitate movetur ad volendum.

12. Praeterea. Res magis est motiva quam intentio. Sed secundum Philosophum in VI Metaphisice bonum est in rebus, verum autem in mente; et sic bonum est res, verum autem intentio; ergo magis habet rationem motivi bonum quam verum. Sed verum ex necessitate movet

Aber wenn jemand ein Ziel und die Mittel zum Ziel will, wird dasselbe bewegt, nämlich der Wille, und auch das Bewegende ist dasselbe. Denn die Mittel zum Ziel will jemand nur, insofern er das Ziel will. Also liegt auch dieselbe Art der Bewegung vor, d. h.: Wie jemand mit Notwendigkeit das letzte Ziel will, so will er auch mit Notwendigkeit die Mittel zum Ziel.

10. Wie der Intellekt ein von der Materie getrenntes Vermögen ist, so auch der Wille. Aber der Intellekt wird mit Notwendigkeit von seinem Objekt bewegt. Denn der Mensch wird gezwungen, aus Notwendigkeit einer Wahrheit durch die Kraft des Beweisgrundes zuzustimmen. Also wird auch der Wille durch denselben Grund von seinem Objekt bewegt.

11. Die Bestimmung des ersten Bewegers verbleibt in allen folgenden, da alle zweiten Bewegenden nur bewegen, insofern sie vom ersten Beweger bewegt werden. Aber in der Ordnung der willentlichen Bewegungen ist das erste Bewegende das, was als Erstrebbares erfasst wird. Da also das Erfassen des Erstrebbaren der Notwendigkeit unterliegt, wenn durch einen Beweis gezeigt wird, dass etwas gut ist, so scheint die Notwendigkeit auf alle folgenden Bewegungen überzugehen. Und daher wird der Wille nicht frei, sondern aus Notwendigkeit zum Wollen bewegt.

12. Eine Sache bewegt mehr als eine Intention. Aber nach Aristoteles im sechsten Buch der *Metaphysik* ist das Gute in den Sachen, das Wahre aber im Geist. Und so ist das Gute eine Sache, das Wahre aber eine Intention. Also hat das Gute mehr als das Wahre den Charakter eines Beweggrundes. Aber das Wahre bewegt den Intellekt

intellectum, ut dictum est. Ergo bonum ex necessitate movet voluntatem.

13. Praeterea. Dilectio, quae pertinet ad voluntatem, est vehementior motus quam cognitio, quae pertinet ad intellectum: quia cognitio assimilat, sed dilectio transformat, ut videtur per Dionisium IV cap. De divinis nominibus; ergo voluntas est magis mobilis quam intellectus. Si ergo intellectus ex necessitate movetur, videtur quod multo magis voluntas.

14. Sed dicebat, quod actio intellectus est secundum motum ad animam, actus autem voluntatis est secundum motum ab anima; et sic intellectus habet magis rationem passivi, voluntas autem magis rationem activi: unde non necessitate patitur a suo obiecto. – Sed contra. Assentire pertinet ad intellectum sicut consentire ad voluntatem. Sed assentire significat motum in rem cui assentitur, sicut et consentire in rem cui consentitur. Ergo non magis est motus voluntatis ab anima quam motus intellectus.

15. Praeterea. Si voluntas respectu ad aliqua volita non ex necessitate moveatur, necesse est dicere, quod se habeat ad opposita: quia quod non necesse est esse, possibile est non esse; sed omne quod est in potentia ad opposita, non reducitur in actum alicuius eorum nisi per

aus Notwendigkeit, wie oben gesagt wurde. Also bewegt auch das Gute den Willen mit Notwendigkeit.

13. Die Liebe, die zum Willen gehört, ist eine stärkere Bewegung als die Erkenntnis, die zum Intellekt gehört, weil die Erkenntnis angleicht, die Liebe aber verwandelt, wie aus dem vierten Kapitel der Schrift *De divinis nominibus* (*Über die göttlichen Namen*) des Dionysius ersichtlich ist. Also ist der Wille leichter bewegbar als der Intellekt. Wenn darum der Intellekt mit Notwendigkeit bewegt wird, um vieles mehr dann scheinbar der Wille.

14. Aber man sagte, dass die Tätigkeit des Intellekts gemäß einer Bewegung zur Seele hin geschieht, die Tätigkeit des Willens aber gemäß einer Bewegung von der Seele weg. Und so hat der Intellekt mehr den Charakter des Passiven, der Wille aber mehr den Charakter des Aktiven. Daher erleidet er nicht mit Notwendigkeit etwas von seinem Objekt. – Dagegen spricht: Zustimmen gehört zum Intellekt wie Übereinstimmen zum Willen. Aber Zustimmen bezeichnet eine Bewegung auf die Sache hin, der zugestimmt wird, so wie auch Übereinstimmen auf eine Sache geht, mit der man übereinstimmt. Also ist die Bewegung des Willens von der Seele weg keine größere als die Bewegung des Intellekts.

15. Wenn der Wille in Bezug auf Gewolltes nicht mit Notwendigkeit bewegt wird, muss man sagen, dass er sich auf Gegensätzliches bezieht. Denn was nicht notwendig ist, besitzt die Möglichkeit, nicht zu sein. Aber alles, was die Möglichkeit zu Gegensätzlichem besitzt, wird nur durch etwas wirklich Seiendes zur Verwirklichung eines von diesen [Gegensätzlichen] gebracht, weil jenes

aliquod ens actu, quod facit illud quod erat in potentia esse in actu; quod autem facit aliquid esse actu, dicimus esse causam eius. Oportebit ergo, si voluntas aliquid determinate vult, quod sit aliqua causa quae faciat ipsam hoc velle. Causa autem posita necesse est effectum poni, ut Avicenna probat: quia si causa posita adhuc est possibile effectum non esse, indigebit adhuc alio reducente de potentia in actum, et sic primum non erat sufficiens causa. Ergo voluntas ex necessitate movetur ad aliquid volendum.

16. Praeterea. Nulla virtus se habens ad contraria est activa, quia omnis virtus activa potest agere id cuius est activa; possibili autem posito non sequitur impossibile: sequeretur autem duo opposita esse simul, quod est impossibile. Sed voluntas est potentia activa. Ergo non se habet ad opposita, sed de necessitate determinatur ad unum.

17. Praeterea. Voluntas aliquando incipit eligere cum prius non eligeret; aut igitur transmutatur a dispositione in qua prius erat, aut non. Si non, sequitur quod sicut prius non eligebat, ita nec modo; et sic non eligens eligeret, quod est impossibile. Si autem mutatur eius dispositio, necesse est quod ab aliquo sit mutata, quia omne quod movetur ab alio movetur. Movens autem imponit ne-

bewirkt, dass das, was in Möglichkeit war, nun wirklich ist. Was aber bewirkt, dass etwas wirklich ist, das nennen wir seine Ursache. Wenn daher der Wille etwas mit Bestimmtheit will, dann muss es eine Ursache geben, die bewirkt, dass er dieses will. Wenn aber die Ursache gesetzt ist, so muss auch die Wirkung gesetzt werden, wie Avicenna beweist. Denn wenn, obgleich die Ursache gesetzt wurde, es noch immer möglich ist, dass es keine Wirkung gibt, so bedarf es noch eines anderen von der Möglichkeit in die Wirklichkeit überführenden [Prinzips]; und so war das erste keine zureichende Ursache. Also wird der Wille aus Notwendigkeit bewegt, etwas zu wollen.

16. Keine Kraft, die sich auf Gegensätzliches bezieht, ist aktiv, weil jede aktive Kraft das tun kann, hinsichtlich dessen sie aktiv ist. Aber wenn das Mögliche gesetzt wird, folgt nicht das Unmögliche. Es würde nämlich folgen, dass zwei Entgegengesetzte zugleich sind, was unmöglich ist. Aber der Wille ist ein aktives Vermögen. Also bezieht er sich nicht auf Entgegengesetztes, sondern ist mit Notwendigkeit auf eines hin bestimmt.

17. Der Wille beginnt manchmal zu wählen, ohne dass er vorher gewählt hat. Also wird er von der Verfassung aus, in der er vorher war, verändert oder aber nicht. Wenn nicht, so folgt, dass er, so wie er zuvor nicht gewählt hat, so auch jetzt nicht wählt; und so würde er wählen, auch wenn er nicht wählt; das ist unmöglich. Wenn sich aber seine Verfassung ändert, muss diese notwendigerweise von etwas verändert worden sein, weil alles, was bewegt wird, von einem anderen bewegt wird. Das Bewegende aber erlegt dem Beweglichen Notwendigkeit

cessitatem mobili, alias non sufficienter moveret ipsum. Ergo voluntas ex necessitate movetur.

18. Sed dicebat, quod rationes istae concludunt de potentia naturali, quae est in materia, non autem de potentia immateriali, quae est voluntas. – Sed contra. Principium totius humanae cognitionis est sensus; nihil ergo potest cognosci ab homine nisi secundum quod cadit sub sensu vel ipsum vel effectus eius. Sed ipsa virtus se habens ad opposita non cadit sub sensu, in effectibus autem eius qui sub sensu cadunt, non inveniuntur duo actus contrarii simul existere; sed semper videmus quod determinate unum procedit in actu. Ergo non possumus iudicare esse in homine aliquam activam potentiam ad opposita se habentem.

19. Praeterea. Cum potentia dicatur ad actum, sicut se habet actus ad actum, ita se habet potentia ad potentiam. Sed duo actus oppositi non possunt esse simul. Ergo nec potest esse una potentia ad duo opposita.

20. Praeterea. Secundum Augustinum in I De Trinitate, nihil est sibi ipsi causa ut sit, ergo pari ratione nihil est sibi ipsi causa ut moveatur; voluntas ergo non movet seipsam; sed necesse est quod ab aliquo moveatur, quia in-

auf, anders würde es dieses nicht zureichend bewegen. Also wird der Wille mit Notwendigkeit bewegt.

18. Aber man sagte, dass diese Gründe hinsichtlich eines natürlichen Vermögens, welches in der Materie liegt, schlüssig sind, nicht aber mit Bezug auf ein immaterielles Vermögen, das der Wille ist. – Dagegen ist Folgendes zu sagen: Das Prinzip aller menschlichen Erkenntnis ist der Sinn. Nichts kann daher vom Menschen erkannt werden, das nicht unter den Sinn fällt – entweder es selbst oder seine Wirkung. Aber das Vermögen selbst, das sich auf Entgegengesetztes bezieht, fällt nicht unter den Sinn; in seinen Wirkungen aber, die unter den Sinn fallen, werden keine zwei entgegengesetzten Akte gefunden, die zugleich existieren, sondern wir sehen immer, dass eines mit Bestimmtheit in die Wirklichkeit übergeht. Also können wir nicht der Auffassung sein, dass es im Menschen ein aktives Vermögen gibt, das sich auf Entgegengesetztes bezieht.

19. Da das Vermögen auf den Akt hin ausgesagt wird, so verhält sich das Vermögen zum Vermögen wie der Akt zum Akt. Aber es kann nicht zwei gegensätzliche Akte zugleich geben. Also kann es auch nicht ein Vermögen geben, das sich auf zwei entgegengesetzte Dinge bezieht.

20. Nach Augustinus im ersten Buch von *De Trinitate* ist nichts Ursache seiner selbst, dass es sei. Also ist aus dem gleichen Grund nichts Ursache seiner selbst, dass es sich bewegt. Der Wille bewegt sich also nicht selbst, sondern muss von etwas anderem bewegt werden, weil er zu handeln anfängt, nachdem er zuvor nicht gehandelt hat; und alles, was so beschaffen ist, wird auf eine

cipit agere postquam prius non egerat, et omne tale aliquo modo movetur; unde et de Deo dicimus quod non incipit velle postquam noluerat, propter eius immobilitatem. Ergo necesse est quod voluntas ab alio moveatur. Sed quod ab alio movetur, necessitatem ab alio patitur. Ergo voluntas necessario vult et non libere.

21. Praeterea. Omne multiforme reducitur ad aliquod uniforme; sed motus humani sunt varii et multiformes, ergo reducuntur in motum ›uniformem, qui est motus caeli‹, sicut in causam. Sed quod causatur ex motu caeli, ex necessitate provenit, quia causa naturalis ex necessitate producit effectum suum nisi sit aliquid impediens, motum autem caelestis corporis non potest aliquid impedire quin consequatur suum effectum, quia oporteret quod etiam aliquid illius impedientis reduceretur in aliquod principium caeleste sicut in causam. Ergo videtur quod motus humani ex necessitate proveniant, et non ex libera electione.

22. Praeterea. Qui facit quod non vult, non habet liberam electionem. Sed homo facit quod non vult, Ro. VII: *quod odi malum illud facio*. Ergo homo non habet liberam electionem suorum actuum.

23. Praeterea. Augustinus dicit in Encheridion quod *homo male utens libero arbitrio se perdidit et ipsum*. Sed libere eligere non est nisi habentis liberum arbitrium. Ergo homo non habet liberam electionem.

Weise bewegt. Daher sagen wir auch von Gott, dass er nicht anfängt zu wollen, nachdem er nicht gewollt hatte, und zwar wegen seiner Unveränderlichkeit. Also ist es notwendig, dass der Wille von etwas anderem bewegt wird. Was aber von etwas anderem bewegt wird, erleidet von dem anderen Notwendigkeit. Also will der Wille mit Notwendigkeit und nicht frei.

21. Alles Vielgestaltige wird auf etwas Einförmiges zurückgeführt; aber die menschlichen Bewegungen sind vielfältig und vielgestaltig; deshalb werden sie auf eine einförmige Bewegung, die die Bewegung des Himmels ist, wie auf eine Ursache zurückgeführt. Aber was von der Bewegung des Himmels verursacht wird, geht aus Notwendigkeit hervor, weil eine natürliche Ursache mit Notwendigkeit ihre Wirkung hervorbringt, es sei denn, es gibt etwas, das sie hindert. Aber nichts kann die Bewegung eines Himmelskörpers hindern, ohne dass seine Wirkung einträte, weil etwas von diesem Hindernis auch auf ein himmlisches Prinzip wie auf eine Ursache zurückgeführt werden müsste. Daher scheinen die menschlichen Bewegungen aus Notwendigkeit und nicht aus freier Wahl hervorzugehen.

22. Wer tut, was er nicht will, hat keine freie Wahl. Aber der Mensch tut, was er nicht will, wie es in Röm 7,15 heißt: »ich tue das Böse, das ich hasse«. Also hat der Mensch keine freie Wahl hinsichtlich seiner Handlungen.

23. Augustinus sagt in seinem *Enchiridion*, dass »der Mensch, indem er sein freies Wahlvermögen schlecht gebraucht, sich selbst und dieses zugrunde richtet«. Aber frei wählen kann nur, wer ein freies Wahlvermögen hat. Also verfügt der Mensch nicht über eine freie Wahl.

24. Praeterea. Augustinus dicit in VIII Confessionum quod *dum consuetudini non resistitur, fit necessitas.* Ergo videtur quod saltem in his qui sunt assueti aliquid facere, voluntas ex necessitate moveatur.

1. Sed contra est quod dicitur Eccli. XV: *Deus ab initio constituit hominem, et reliquit eum in manu consilii sui.* Hoc autem non esset nisi haberet liberam electionem, quae est appetitus praeconsiliati, ut dicitur in III Ethicorum. Ergo homo habet liberam electionem suorum actuum.
2. Praeterea. Potentiae rationales sunt ad opposita, secundum Philosophum. Sed voluntas est potentia rationalis: est enim in ratione, ut dicitur in III De anima. Ergo voluntas se habet ad opposita, et non ex necessitate movetur ad unum.
3. Praeterea. Secundum Philosophum in III et VI Ethicorum, homo est dominus sui actus, et in ipso est agere et non agere. Sed hoc non esset si non haberet liberam electionem. Ergo homo habet liberam electionem suorum actuum.

Responsio. Dicendum, quod quidam posuerunt, quod voluntas hominis ex necessitate movetur ad aliquid eligendum. Nec tamen ponebant quod voluntas cogeretur: non enim omne necessarium est violentum, sed solum illud

24. Augustinus sagt im achten Buch der *Confessiones*, dass »eine Notwendigkeit entsteht, solange man sich einer Gewohnheit nicht widersetzt«. Daher scheint zumindest bei denen, die etwas zu tun gewohnt sind, der Wille aus Notwendigkeit bewegt zu werden.

1. DAGEGEN. Bei Jesus Sirach im 15. Kapitel heißt es: »Gott hat am Anfang den Menschen erschaffen und ihn in die Hand seines eigenen Ratschlusses überlassen«. Dies könnte nicht geschehen, wenn er nicht über die freie Wahl verfügte, die ein im Vorhinein überlegtes Streben ist, wie es im dritten Buch der *Nikomachischen Ethik* heißt. Also besitzt der Mensch die freie Wahl hinsichtlich seiner Handlungen.
2. Vernünftige Vermögen beziehen sich nach Aristoteles auf Entgegengesetztes. Aber der Wille ist ein vernünftiges Vermögen, denn er ist in der Vernunft, wie es im dritten Buch von *De anima* heißt. Also bezieht sich der Wille auf Entgegengesetztes und wird nicht mit Notwendigkeit auf eines hin bewegt.
3. Gemäß Aristoteles im dritten und sechsten Buch der *Nikomachischen Ethik* ist der Mensch Herr seiner Handlungen, und an ihm selbst liegt es, zu handeln oder nicht zu handeln. Das aber könnte nicht sein, wenn er nicht die freie Wahl hätte. Also hat der Mensch hinsichtlich seiner Handlungen die freie Wahl.

ANTWORT. Einige haben behauptet, dass der Wille des Menschen aus Notwendigkeit bewegt wird, etwas zu wählen. Dennoch behaupteten sie nicht, dass der Wille gezwungen wird. Denn nicht alles Notwendige ist gewalt-

cuius principium est extra. Unde et motus naturales inveniuntur aliqui necessarii, non tamen violenti: violentum enim repugnat naturali sicut et voluntario, quia utriusque principium est intra, violenti autem principium est extra.

Haec autem opinio est haeretica. Tollit enim rationem meriti et demeriti in humanis actibus. Non enim videtur esse meritorium vel demeritorium quod aliquis sic ex necessitate agit quod vitare non possit. Est etiam annumeranda inter extraneas philosophiae opiniones, quia non solum contrariatur fidei, sed subvertit omnia principia philosophiae moralis. Si enim non sit aliquid liberum in nobis, sed ex necessitate movemur ad volendum, tollitur deliberatio, exhortatio, praeceptum et punitio, et laus et vituperium, circa quae moralis philosophia consistit. Huiusmodi autem opiniones quae destruunt principia alicuius partis philosophiae dicuntur positiones extraneae, sicut nihil moveri, quod destruit principia scientiae naturalis. Ad huiusmodi autem positiones ponendas inducti sunt aliqui homines partim quidem propter proterviam, partim propter aliquas rationes sophisticas, quas solvere non potuerunt, ut dicitur in IV Metaphisice.

Ad evidentiam igitur veritatis circa hanc quaestionem primo considerandum est quod sicut in aliis rebus est aliquod principium propriorum actuum, ita etiam in hominibus. Hoc autem activum sive motivum principium in ho-

sam, sondern nur dasjenige, dessen Prinzip außerhalb ist. Daher findet man auch unter den natürlichen Bewegungen einige, die notwendig, aber dennoch nicht gewaltsam sind. Das Gewaltsame nämlich widerstreitet dem Natürlichen wie auch dem Willentlichen, weil beider Prinzip innerhalb ist, das Prinzip des Gewaltsamen aber außerhalb.

Diese Meinung aber ist häretisch. Sie hebt nämlich die Idee von Verdienst und Strafe mit Bezug auf die menschlichen Handlungen auf. Denn es scheint nicht verdienstlich oder strafwürdig zu sein, was jemand so aus Notwendigkeit tut, dass er es nicht vermeiden könnte. Sie muss ferner zu den der Philosophie fremden Meinungen gezählt werden, weil sie nicht nur dem Glauben entgegensteht, sondern auch alle Prinzipien der Moralphilosophie zunichtemacht. Denn wenn es nicht irgendetwas Freies in uns gäbe, sondern wir aus Notwendigkeit zum Wollen bewegt werden, werden Überlegung, Ermahnung, Gebot und Strafe, Lob und Tadel, worin sämtlich die Moralphilosophie besteht, aufgehoben. Derartige Positionen aber, die die Prinzipien eines jeden Teiles der Philosophie zerstören, werden [philosophie-]fremde Positionen genannt, wie zum Beispiel, dass sich nichts bewegt, was die Prinzipien der Naturwissenschaften zerstört. Nun sind aber einige Menschen zur Behauptung solcher Positionen verleitet worden, teils aus Dreistigkeit, teils aufgrund sophistischer Argumente, die sie nicht lösen konnten, wie es im vierten Buch der *Metaphysik* heißt.

Daher muss man zur Klärung der Wahrheit hinsichtlich dieser Frage zuerst überlegen, dass es wie in anderen Dingen auch in den Menschen ein Prinzip der ihnen eigentümlichen Handlungen gibt. Dieses aktive und bewegende

minibus proprie est intellectus et voluntas, ut dicitur in III De anima. Quod quidem principium partim convenit cum principio activo in rebus naturalibus, partim ab eo differt. Convenit quidem, quia sicut in rebus naturalibus invenitur forma, quae est principium actionis, et inclinatio consequens formam, quae dicitur appetitus naturalis, ex quibus sequitur actio, ita in homine invenitur forma intellectiva et inclinatio voluntatis consequens formam apprehensam, ex quibus sequitur exterior actio. Sed in hoc est differentia, quia forma rei naturalis est forma individuata per materiam, unde et inclinatio ipsam consequens est determinata ad unum, sed forma intellecta est universalis sub qua multa possunt comprehendi. Unde cum actus sint in singularibus, in quibus nullum est quod adaequet potentiam universalis, remanet inclinatio voluntatis indeterminate se habens ad multa; sicut si artifex concipiat formam domus in universali, sub qua comprehenduntur diversae figurae domus, potest voluntas eius inclinari ad hoc quod faciat domum quadratam vel rotundam vel alterius figurae.

Principium autem activum in brutis animalibus medio modo se habet inter utrumque. Nam forma apprehensa per sensum est individualis sicut et forma rei naturalis, et ideo ex ea sequitur inclinatio ad unum actum sicut in rebus naturalibus. Sed tamen non semper eadem forma recipitur in sensu, sicut est in rebus naturalibus, quia ignis est semper

Prinzip sind in den Menschen eigentümlich Intellekt und Wille, wie es im dritten Buch von *De anima* heißt. Dieses Prinzip stimmt teils mit dem aktiven Prinzip in den natürlichen Dingen überein, teils weicht es von ihm ab. Das trifft in der Tat zu, weil man so, wie sich in den natürlichen Dingen eine Form findet, die das Prinzip der Tätigkeit ist, und eine Neigung, die sich aus der Form ergibt und die man natürliche Strebung nennt, aus denen die Tätigkeit folgt, auch im Menschen eine Verstandesform und eine aus einer erfassten Form folgende Neigung des Willens findet, aus denen die äußere Tätigkeit folgt. Darin jedoch besteht ein Unterschied, weil die Form eines Naturdinges eine durch die Materie vereinzelte Form ist, weshalb die ihr folgende Neigung auf eines hin bestimmt ist, hingegen die Verstandesform, unter der vieles verstanden werden kann, allgemein ist. Weil aber Handlungen in Einzelnem bestehen, in dem nichts ist, was dem Vermögen des Allgemeinen gleichkommt, so bleibt die Neigung des Willens unbestimmt, da sie sich auf vieles bezieht; wie wenn ein Handwerker sich die Form eines Hauses im Allgemeinen vorstellt, unter der verschiedene Typen eines Hauses begriffen werden, so kann sein Wille dazu neigen, ein quadratisches oder ein rundes oder ein andersförmiges Haus zu gestalten.

Aber das aktive Prinzip in den vernunftlosen Lebewesen liegt in der Mitte zwischen beiden. Denn die durch den Sinn erfasste Form ist individuell wie auch die Form des natürlichen Dinges, und daher folgt daraus die Neigung zu einer einzelnen Handlung, wie bei natürlichen Dingen. Aber dennoch wird durch den Sinn nicht immer dieselbe Form aufgenommen wie bei den natürlichen Dingen, da

calidus, sed nunc una, nunc alia; puta, nunc forma delectabilis, nunc tristis. Unde nunc fugit, nunc prosequitur. In quo convenit cum principio activo humano.

Secundo considerandum est quod potentia aliqua dupliciter movetur: uno modo ex parte subiecti, alio modo ex parte obiecti. Ex parte subiecti quidem, sicut visus per immutationem dispositionis organi movetur ad clarius vel minus clare videndum; ex parte vero obiecti, sicut visus nunc videt album, nunc videt nigrum. Et prima quidem immutatio pertinet ad ipsum exercitium actus, ut scilicet agatur vel non agatur, aut melius vel debilius agatur; secunda vero immutatio pertinet ad specificationem actus, nam actus specificatur per obiectum.

Est autem considerandum quod in rebus naturalibus specificatio quidem actus est ex forma, ipsum autem exercitium est ab agente quod causat ipsam motionem; movens autem agit propter finem; unde relinquitur quod primum principium motionis quantum ad exercitium actus sit ex fine. Si autem consideremus obiecta voluntatis et intellectus, inveniemus quod obiectum intellectus est primum et praecipuum in genere causae formalis, est enim eius obiectum ens et verum; sed obiectum voluntatis est primum et praecipuum in genere causae finalis, nam eius obiectum est bonum, sub quo comprehenduntur omnes fines sicut sub

das Feuer immer heiß ist, sondern bald die eine, bald die andere Form, zum Beispiel bald die angenehme, bald die unangenehme Form. Daher flieht das Tier jetzt, dann aber folgt es auf dem Fuße. Darin stimmt es mit dem aktiven menschlichen Prinzip überein.

Zweitens muss man bedenken, dass ein Vermögen auf zweifache Weise bewegt wird: zum einen vonseiten des Subjekts, zum anderen vonseiten des Objekts. Auf Seiten des Subjekts freilich, wie der Sehsinn durch die Veränderung der Disposition des Organs zu einem deutlicheren oder weniger deutlichen Sehen bewegt wird. Auf Seiten des Objekts aber, wie der Sehsinn bald Weiß, bald Schwarz sieht. Und die erste Veränderung bezieht sich auf die Ausführung der Handlung, dass nämlich gehandelt wird oder nicht gehandelt wird, oder dass besser oder schwächer gehandelt wird; die zweite Veränderung aber bezieht sich auf die Artbestimmung der Handlung, denn die Art der Handlung wird durch ihren Gegenstand bestimmt.

Nun muss man beachten, dass in den natürlichen Dingen die Artbestimmung der Handlung zwar von der Form her kommt, die Ausführung aber vom Tätigen, das die Bewegung selbst verursacht. Was bewegt, ist aber um eines Zieles willen tätig. Daher bleibt übrig, dass das erste Prinzip der Bewegung, sofern es die Ausführung der Tätigkeit betrifft, vom Ziel her kommt. Wenn wir aber die Objekte des Willens und des Intellekts betrachten, werden wir finden, dass das Objekt des Intellekts das erste und vorzüglichste in der Gattung der Formursache ist; sein Objekt ist nämlich das Seiende und das Wahre. Aber das Objekt des Willens ist das erste und vorzüglichste in der Gattung der Finalursache, denn sein Objekt ist das Gute, unter dem alle

vero comprehenduntur omnes formae apprehensae. Unde et ipsum bonum, in quantum est quaedam forma apprehensibilis, continetur sub vero quasi quoddam verum, et ipsum verum, in quantum est finis intellectualis operationis, continetur sub bono ut quoddam particulare bonum.

Si ergo consideremus motum potentiarum animae ex parte obiecti specificantis actum, primum principium motionis est ex intellectu: hoc enim modo bonum intellectum movet etiam ipsam voluntatem. Si autem consideremus motus potentiarum animae ex parte exercitii actus, sic principium motionis est ex voluntate. Nam semper potentia ad quam pertinet finis principalis movet ad actum potentiam ad quam pertinet id quod est ad finem, sicut militaris movet frenorum factricem ad operandum. Et hoc modo voluntas movet et se ipsam et omnes alias potentias: intelligo enim quia volo, et similiter utor omnibus potentiis et habitibus quia volo. Unde et Commentator definit habitum in III De anima, quod habitus est quo quis utitur cum voluerit.

Sic igitur ad ostendendum quod voluntas non ex necessitate movetur, oportet considerare motum voluntatis et quantum ad exercitium actus et quantum ad determinationem actus, quae est ex obiecto.

Quantum ergo ad exercitium actus, primo quidem manifestum est quod voluntas movetur a seipsa; sicut enim

Ziele begriffen, werden so, wie unter dem Wahren alle erfassten Formen begriffen werden. Daher ist auch das Gute selbst, insofern es eine bestimmte erfassbare Form ist, unter dem Wahren gleichsam als etwas Wahres enthalten; und das Wahre selbst, insofern es ein verstehbares Ziel der Tätigkeit ist, ist unter dem Guten wie ein bestimmtes einzelnes Gut enthalten.

Wenn wir die Bewegung der Seelenvermögen vonseiten des die Handlung bestimmenden Objekts betrachten, dann kommt das erste Prinzip der Bewegung vom Intellekt her; denn auf diese Weise bewegt das erkannte Gute auch den Willen selbst. Wenn wir aber die Bewegung der Seelenvermögen vonseiten der Ausführung der Handlung her betrachten, so stammt das Prinzip der Bewegung aus dem Willen. Denn immer bewegt das Vermögen, auf das sich das hauptsächlichste Ziel bezieht, das Vermögen zum Akt, auf das sich das Mittel bezieht, so wie der Soldat den Hersteller von Zaumzeug zum Arbeiten bewegt. Auf dieselbe Weise bewegt der Wille sowohl sich wie auch alle anderen Vermögen. Denn ich erkenne, weil ich will. Und auf ähnliche Weise benutze ich alle Vermögen und Habitus, weil ich es will. Daher definiert Averroes im dritten Buch seines Kommentars zu *De anima* den Habitus als das, dessen sich jemand bedient, wenn er will.

Um also zu zeigen, dass der Wille nicht aus Notwendigkeit bewegt wird, ist es notwendig, die Bewegung des Willens sowohl im Hinblick auf die Ausführung der Handlung als auch im Hinblick auf die Bestimmung der Handlung, die vom Gegenstand herrührt, zu betrachten.

Was also die Ausführung der Handlung betrifft, so zeigt sich zunächst, dass der Wille sich von selbst bewegt; denn

movet alias potentias, ita et se ipsam movet. Nec propter hoc sequitur quod voluntas secundum idem sit in potentia et in actu; sicut enim homo secundum intellectum in via inventionis movet se ipsum ad scientiam, in quantum ex uno noto in actu venit in aliquid ignotum quod erat solum in potentia notum, ita per hoc quod homo aliquid vult in actu, movet se ad volendum aliquid aliud in actu. Sicut per hoc quod vult sanitatem, movet se ad volendum sumere potionem; ex hoc quod vult sanitatem, incipit consiliari de his quae conferunt ad sanitatem, et tandem determinato consilio vult accipere potionem; sic igitur voluntatem accipiendi potionem praecedit consilium, quod quidem procedit ex voluntate volentis consiliari. Cum igitur voluntas se consilio moveat, consilium autem est inquisitio quaedam non demonstrativa sed ad opposita viam habens, non ex necessitate voluntas seipsam movet. Sed cum voluntas non semper voluerit consiliari, necesse est quod ab aliquo moveatur ad hoc quod velit consiliari; et si quidem a seipsa, necesse est iterum quod motum voluntatis praecedat consilium, et consilium praecedat actus voluntatis; et cum hoc in infinitum procedere non possit, necesse est ponere quod quantum ad primum motum voluntatis moveatur voluntas cuiuscumque non semper actu volentis ab aliquo exteriori, cuius instinctu voluntas velle incipiat.

Posuerunt igitur quidam quod iste instinctus est a cor-

wie er andere Vermögen bewegt, so bewegt er auch sich selbst. Und deswegen folgt auch nicht, dass der Wille in ein und derselben Hinsicht in Möglichkeit und in Wirklichkeit ist. So nämlich wie der Mensch sich gemäß seinem Intellekt auf dem Weg der Suche nach Wissen selbst bewegt, insofern er von etwas wirklich Bekanntem zu etwas Unbekanntem gelangt, das nur der Möglichkeit nach bekannt ist, so bewegt der Mensch dadurch, dass er etwas wirklich will, sich selbst dazu, etwas anderes wirklich zu wollen. So bewegt er sich deswegen, weil er Gesundheit will, dazu, einen Trank einnehmen zu wollen. Deshalb, weil er die Gesundheit will, fängt er an, darüber zu beratschlagen, was seiner Gesundheit zuträglich ist, und schließlich will er nach Abschluss der Beratung den Trank einnehmen. So geht also dem Willen, den Trank einzunehmen, die Überlegung voraus, die wiederum aus dem Willen des Wollenden, zu überlegen, hervorgeht. Da also der Wille sich durch Überlegung bewegt, die Überlegung jedoch keine beweisende Untersuchung ist, sondern einen Weg zum Entgegengesetzten enthält, bewegt der Wille sich selbst nicht aus Notwendigkeit. Aber weil der Wille nicht immer überlegen will, muss er von etwas dazu bewegt werden, dass er überlegen will; wenn nun aber von sich selbst, so muss wiederum die Bewegung des Willens der Überlegung vorausgehen, und die Überlegung dem Akt des Willens. Und weil dies nicht ins Unendliche fortschreiten kann, muss notwendigerweise angenommen werden, dass der Wille desjenigen, der nicht immer aktuell will, zur ersten Bewegung des Willens von einem Äußeren bewegt wird, durch dessen Antrieb der Wille zu wollen beginnt.

Daher haben einige angenommen, dass dieser Antrieb

pore caelesti. Sed hoc esse non potest. Cum enim voluntas sit in ratione, secundum Philosophum in III De anima, ratio autem sive intellectus non sit virtus corporea, impossibile est quod virtus corporis caelestis moveat ipsam voluntatem directe. Ponere autem quod voluntas hominum moveatur ex impressione caelestis corporis, sicut appetitus brutorum animalium moventur, est secundum opinionem ponentium non differre intellectum a sensu. Ad hos enim refert Philosophus in libro De anima verbum quorumdam dicentium quod talis est voluntas in hominibus *qualem inducit pater virorum deorumque*, id est caelum vel sol.

Relinquitur ergo, sicut concludit Aristoteles in capitulo De bona fortuna, quod id quod primo movet voluntatem et intellectum sit aliquid supra voluntatem et intellectum, scilicet Deus. Qui cum omnia moveat secundum rationem mobilium, ut levia sursum et gravia deorsum, etiam voluntatem movet secundum eius conditionem, non ut ex necessitate sed ut indeterminate se habentem ad multa. Patet ergo quod si consideretur motus voluntatis ex parte exercitii actus, non movetur ex necessitate.

Si autem consideretur motus voluntatis ex parte obiecti determinantis actum voluntatis ad hoc vel illud volendum, considerandum est quod obiectum movens voluntatem est bonum conveniens apprehensum. Unde si aliquod bonum proponatur quod apprehendatur in ratione boni, non au-

von einem Himmelskörper kommt. Aber das kann nicht sein. Weil der Wille nach Aristoteles im dritten Buch von *De anima* in der Vernunft ist, die Vernunft oder der Verstand aber keine körperlichen Kräfte sind, kann die Kraft eines Himmelskörpers unmöglich den Willen selbst unmittelbar bewegen. Aber anzunehmen, dass der Wille der Menschen durch die Einwirkung eines Himmelskörpers bewegt wird, so wie das Strebevermögen der vernunftlosen Lebewesen bewegt wird, heißt nach der Meinung derer, die solches behaupten, den Intellekt nicht vom Sinn zu unterscheiden. Auf diese nämlich bezieht Aristoteles im dritten Buch von *De anima* das Wort derjenigen, die behaupten, dass der Willen, in den Menschen so beschaffen ist, »wie ihn der Vater der Menschen und Götter«, das ist der Himmel bzw. die Sonne, »leitet«.

Es bleibt daher übrig, wie Aristoteles im Kapitel »Über das Glück« schlussfolgert, dass das, was zuerst den Willen und den Intellekt bewegt, etwas ist, das über dem Willen und dem Intellekt steht, nämlich Gott. Da dieser alles gemäß der Natur des Beweglichen bewegt: das Leichte aufwärts, das Schwere abwärts, bewegt er auch den Willen nach seiner Beschaffenheit: nicht aus Notwendigkeit, sondern so, dass er sich unbestimmt zu vielem verhält. Es ist also klar, dass, wenn man die Bewegung des Willens vonseiten der Ausführung der Handlung betrachtet, dieser nicht aus Notwendigkeit bewegt wird.

Betrachten wir aber die Bewegung des Willens vonseiten des Objekts, das den Willensakt dazu bestimmt, dieses oder jenes zu wollen, so ist zu bedenken, dass das den Willen bewegende Objekt das erfasste angemessene Gute ist. Wenn daher ein Gutes vorgestellt wird, das im Sinne des

tem in ratione convenientis, non movebit voluntatem. Cum autem consilia et electiones sint circa particularia, quorum est actus, requiritur quod id quod apprehenditur ut bonum et conveniens, apprehenditur ut bonum et conveniens in particulari et non universali tantum. Si igitur apprehendatur aliquid ut bonum conveniens secundum omnia particularia quae considerari possunt, ex necessitate movebit voluntatem, et propter hoc homo ex necessitate appetit beatitudinem, quae secundum Boetium est *status omnium bonorum congregatione perfectus*. Dico autem ex necessitate quantum ad determinationem actus, quia non potest velle oppositum, non autem quantum ad exercitium actus, quia potest aliquis non velle tunc cogitare de beatitudine, quia etiam ipsi actus intellectus et voluntatis particulares sunt.

Si autem sit tale bonum quod non inveniatur esse bonum secundum omnia particularia quae considerari possunt, non ex necessitate movebit, etiam quantum ad determinationem actus; poterit enim aliquis velle eius oppositum, etiam de eo cogitans, quia forte est bonum vel conveniens secundum aliquod aliud particulare consideratum; sicut quod est bonum sanitati non est bonum delectationi, et sic de aliis.

Et quod voluntas feratur in id quod sibi offertur, magis secundum hanc particularem conditionem quam secun-

Guten, aber nicht im Sinne des Angemessenen erfasst wird, so bewegt es den Willen nicht. Da aber Beratschlagen und Wählen auf Einzelnes gehen, was Gegenstand der Handlung ist, ist es erforderlich, dass das, was als gut und angemessen erfasst wird, als ein angemessenes Gutes im Besonderen und nicht nur im Allgemeinen erfasst wird. Wenn also etwas als angemessenes Gut hinsichtlich alles Einzelnen, das in Betracht gezogen werden kann, erfasst wird, dann bewegt dieses den Willen mit Notwendigkeit, und deswegen erstrebt der Mensch aus Notwendigkeit die Glückseligkeit, die nach Boethius »ein durch die Versammlung aller Güter vollkommener Zustand« ist. Ich sage aber: aus Notwendigkeit in Hinblick auf die Bestimmung der Handlung, weil man nicht das Entgegengesetzte wollen kann, nicht jedoch hinsichtlich der Ausführung der Handlung, weil jemand auch einmal nicht an die Glückseligkeit denken will, weil auch selbst die Akte des Intellekts und des Willens besondere Akte sind.

Wenn es aber ein solches Gutes gibt, das nicht für gut befunden wird gemäß allen Besonderheiten, die in Betracht gezogen werden können, dann bewegt dieses nicht aus Notwendigkeit, auch nicht hinsichtlich der Bestimmung der Handlung. Es könnte nämlich jemand das diesem Entgegengesetzte wollen, auch indem er über dieses nachdenkt, weil es vielleicht gut oder angemessen für ein anderes in Betracht gezogenes Einzelnes ist, wie etwa das, was gut für die Gesundheit ist, aber nicht gut für den Genuss ist, und dergleichen mehr.

Und dass der Wille zu dem, was ihm angeboten wird, mehr gemäß dieser besonderen Beschaffenheit als gemäß einer anderen, hingezogen wird, kann auf dreifache Weise

dum aliam, potest contingere tripliciter. Uno quidem modo in quantum una praeponderat, et tunc movetur voluntas secundum rationem; puta cum homo praeeligit id quod est utile sanitati ei quod est utile voluptati. Alio vero modo in quantum cogitat de una particulari circumstantia et non de alia, et hoc contingit plerumque per aliquam occasionem, exhibitam vel ab interiori vel ab exteriori, ut ei talis cogitatio occurrat. Tertio vero modo contingit ex dispositione hominis, quia secundum Philosophum *qualis unusquisque est, talis finis videtur ei.* Unde aliter movetur ad aliquid voluntas irati et voluntas quieti, quia non idem est conveniens utrique, sicut etiam aliter acceptatur cibus a sano et aegro.

Si igitur dispositio per quam alicui videtur aliquid bonum et conveniens fuerit naturalis et non subiacens voluntati, ex necessitate naturali voluntas praeeligit illud, sicut omnes homines naturaliter desiderant esse, vivere et intelligere. Si autem sit talis dispositio quae non sit naturalis, sed subiacens voluntati, puta cum aliquis disponitur per habitum vel passionem ad hoc quod sibi videatur aliquid vel bonum vel malum in hoc particulari, non ex necessitate movebitur voluntas; quia poterit hanc dispositionem removere, ut sibi non videatur aliquid sic, ut scilicet cum aliquis quietat in se iram ut non iudicet de aliquo tamquam iratus. Facilius tamen removetur passio quam habitus.

geschehen: Auf eine Weise, sofern eine das Übergewicht besitzt und dann der Wille gemäß der Vernunft bewegt wird, etwa wenn der Mensch das, was für seine Gesundheit nützlich ist, dem vorzieht, was seinem Vergnügen dient. Auf eine andere Weise aber, insofern er über einen besonderen Umstand und nicht über einen anderen nachdenkt; und das ereignet sich meistens bei einer anderen Gelegenheit, die sich entweder von innen oder von außen darbietet, dass ihm ein solcher Gedanke kommt. Auf die dritte Weise aber geschieht es aufgrund der Disposition des Menschen, weil nach Aristoteles gilt: »Wie beschaffen jemand ist, so beschaffen erscheint ihm das Ziel.« Daher wird der Wille des Zornigen auf eine andere Weise auf etwas bewegt als der Wille des Ruhigen, weil beiden nicht dasselbe angemessen ist, wie auch eine Speise vom Gesunden anders aufgenommen wird als vom Kranken.

Wenn daher eine Disposition, durch die einem etwas gut und angemessen scheint, natürlich wäre und nicht dem Willen unterläge, dann wählte der Wille jenes aus natürlicher Notwendigkeit, so wie alle Menschen von Natur aus danach verlangen zu existieren, zu leben und zu erkennen. Wenn aber eine solche Disposition nicht natürlich ist, sondern dem Willen unterliegt, etwa wenn jemand durch einen Habitus oder durch eine Leidenschaft dazu disponiert ist, dass ihm in diesem Einzelfall etwas als gut oder schlecht erscheint, dann wird der Wille nicht aus Notwendigkeit bewegt, weil er diese Disposition beseitigen könnte, so dass ihm etwas nicht mehr so erschiene, wie etwa wenn jemand den Zorn in sich besänftigt, damit er über einen anderen nicht im Zorn urteilt. Leichter kann eine Leidenschaft beseitigt werden als ein Habitus.

Sic igitur quantum ad aliqua voluntas ex necessitate movetur ex parte obiecti, non autem quantum ad omnia; sed ex parte exercitii actus non ex necessitate movetur.

1. Ad primum ergo dicendum quod auctoritas illa dupliciter potest intelligi: uno modo ut loquatur propheta quantum ad executionem electionis: non enim est in potestate hominis ut expleat in effectu quod mente deliberat. Alio modo potest intelligi quantum ad hoc quod etiam interior voluntas movetur ab aliquo superiori principio quod est Deus; et secundum hoc Apostolus dicit quod non est volentis, scilicet velle, neque currentis, currere, sicut primi principii, sed Dei instigantis.
2. Unde patet solutio ad secundum.
3. Ad tertium dicendum quod animalia bruta moventur per instinctum superioris agentis ad aliquid determinatum secundum modum formae particularis, cuius conceptionem sequitur appetitus sensitivus. Sed Deus movet quidem voluntatem immutabiliter propter efficaciam virtutis moventis, quae deficere non potest; sed propter naturam voluntatis motae, quae indifferenter se habet ad diversa, non inducitur necessitas, sed manet libertas. Sicut etiam in omnibus providentia divina infallibiliter operatur, et tamen a causis contingentibus proveniunt effectus contingenter, in quantum Deus omnia movet proportionaliter, unumquodque secundum suum modum.

So wird also der Wille auf Seiten des Objekts zu einigen Dingen aus Notwendigkeit bewegt, jedoch nicht zu allen. Aber auf Seiten der Ausführung der Handlung wird er nicht aus Notwendigkeit bewegt.

Zu 1. Die Autorität kann auf zweifache Weise verstanden werden: Auf eine Weise so, dass der Prophet von der Ausführung der Wahl spricht. Es steht nämlich nicht in der Macht des Menschen, dass er in der Ausführung vollendet, was er im Geist überlegt. Auf eine andere Weise kann die Autorität dahingehend verstanden werden, dass auch der innere Wille von einem höheren Prinzip bewegt wird, das Gott ist. Und demgemäß sagt der Apostel, dass es nicht am Wollenden liegt zu wollen noch am Laufenden zu laufen, wie an einem ersten Prinzip, sondern an Gott, der dazu anspornt.

Zu 2. Daher ist auch die Lösung zum zweiten Argument klar.

Zu 3. Vernunftlose Lebewesen werden durch den Antrieb eines höheren Tätigen zu etwas bestimmt auf die Weise einer besonderen Form, deren Erfassung das sinnliche Strebevermögen folgt. Aber Gott bewegt zwar den Willen auf unveränderliche Weise aufgrund der Wirksamkeit seiner bewegenden Kraft, die nicht erlahmen kann. Aber wegen der Natur des bewegten Willens, der sich indifferent auf vieles beziehen kann, tritt keine Notwendigkeit auf, sondern es bleibt Freiheit. So ist nämlich auch die göttliche Vorsehung in allem unfehlbar tätig, und dennoch gehen von den kontingenten Ursachen die Wirkungen auf kontingente Weise hervor, insofern Gott alles verhältnismäßig bewegt, ein jedes nach seiner Art.

4. Ad quartum dicendum quod voluntas aliquid confert cum a Deo movetur, ipsa enim est quae operatur, sed mota a Deo; et ideo motus eius quamvis sit ab extrinseco sicut a primo principio, non tamen est violentus.

5. Ad quintum dicendum quod voluntas hominis quodammodo discordat a Dei voluntate, in quantum scilicet vult aliquid quod Deus non vult eam velle, ut cum vult peccare; licet etiam non velit Deus voluntatem hoc non velle, quia si vellet hoc Deus, fieret; *omnia enim quaecumque voluit dominus fecit.* Et quamvis hoc modo discordet voluntas hominis a Dei voluntate quantum ad motum voluntatis, numquam tamen potest discordare quantum ad exitum vel eventum, quia semper voluntas hominis hunc eventum sortitur, quod Deus de homine suam voluntatem implet. Sed quantum ad modum volendi non oportet quod voluntas hominis Dei voluntati conformetur, quia Deus aeternaliter et infinite vult unumquodque, non tamen homo; propter quod dicitur Ys., LV: *sicut exaltantur caeli a terra, ita sunt exaltatae viae meae a viis vestris.*

6. Ad sextum dicendum quod ex hoc quod bonum est obiectum voluntatis potest haberi quod voluntas nihil velit nisi sub ratione boni. Sed quia sub ratione boni multa et diversa continentur, non potest ex hoc haberi quod ex necessitate voluntas moveatur in hoc vel in illud.

7. Ad septimum dicendum quod activum non ex necessi-

Zu 4. Der Wille trägt etwas bei, wenn er von Gott bewegt wird. Er selbst nämlich ist es, der tätig ist, aber bewegt von Gott. Und daher ist seine Bewegung, obgleich sie von außerhalb ist wie von einem ersten Prinzip, dennoch nicht gewaltsam.

Zu 5. Der Wille des Menschen weicht in gewisser Weise vom Willen Gottes ab, nämlich insofern er etwas will, von dem Gott nicht will, dass er es will, wie etwa wenn er sündigen will, mag auch Gott nicht wollen, dass der Wille dieses nicht will, weil, wenn er dies wollte, es auch geschähe. »Denn was auch immer Gott will, das macht er.« Und obwohl auf diese Weise der Wille des Menschen hinsichtlich der Bewegung des Willens vom Willen Gottes abweicht, so kann er dennoch niemals mit Bezug auf den Ausgang oder die Wirkung abweichen, weil der Wille des Menschen stets den Ausgang wählt, dass Gott bezüglich des Menschen seinen Willen erfüllt. Aber was die Art und Weise des Wollens betrifft, so ist es nicht notwendig, dass der Wille des Menschen mit dem Willen Gottes übereinstimmt, weil Gott ein jedes auf ewige und grenzenlose Weise will, nicht jedoch der Mensch. Deshalb heißt es bei Jesaja (55,9): »So hoch erhaben die Himmel über der Erde sind, so erhaben sind meine Wege über euren Wegen.«

Zu 6. Daraus, dass das Gute das Objekt des Willens ist, kann man schließen, dass der Wille alles unter der Maßgabe des Guten will. Da aber unter der Maßgabe des Guten vieles Verschiedenes enthalten ist, kann daraus nicht geschlossen werden, dass der Wille mit Notwendigkeit zu diesem oder jenem bewegt wird.

Zu 7. Das Aktive bewegt sich nicht aus Notwendigkeit, es

tate movet nisi quando superat virtutem passivi. Cum autem voluntas se habeat in potentia respectu boni universalis, nullum bonum superat virtutem voluntatis quasi ex necessitate ipsam movens, nisi id quod secundum omnem considerationem est bonum, et hoc solum est bonum perfectum, quod est beatitudo, quod voluntas non potest non velle, ita scilicet quod velit oppositum; potest tamen non velle actu, quia potest avertere cogitationem beatitudinis in quantum movet intellectum ad suum actum, et quantum ad hoc nec ipsam beatitudinem ex necessitate vult; sicut etiam aliquis non ex necessitate calefieret, si posset calidum a se repellere cum vellet.

8. Ad octavum dicendum quod finis est ratio volendi ea quae sunt ad finem; unde non similiter se habet voluntas ad utrumque.

9. Ad nonum dicendum quod quando ad finem non posset perveniri nisi una via, tunc eadem ratio est volendi finem et ea quae sunt ad finem. Sed ita non est in proposito, nam multis viis ad beatitudinem perveniri potest. Et ideo, licet homo ex necessitate velit beatitudinem, nihil tamen eorum quae ad beatitudinem ducunt, ex necessitate vult.

10. Ad decimum dicendum quod de intellectu et voluntate quodammodo est simile et quodammodo dissimile. Dissimile quidem quantum ad exercitium actus, nam intellectus movetur a voluntate ad agendum, voluntas

sei denn, es übertrifft die Kraft des Passiven. Weil aber der Wille sich in Möglichkeit zum allgemeinen Guten befindet, übertrifft kein Gut die Kraft des Willens dadurch, dass sie ihn gleichsam mit Notwendigkeit bewegt, wenn nicht das, was nach aller Überlegung gut ist; und dieses allein ist das vollkommene Gute, das ist die Glückseligkeit, das der Wille auf keine Weise nicht wollen kann, so dass er nämlich das Gegenteilige will. Dennoch kann er dieses nicht aktuell wollen, weil er das Denken an die Glückseligkeit insofern ablenken kann, als er den Intellekt zu seiner Tätigkeit bewegt. Und insofern will er auch die Glückseligkeit selbst nicht aus Notwendigkeit, so wie auch jemand, der das Warme von sich abweisen könnte, wenn er wollte, sich nicht aus Notwendigkeit wärmen müsste.

Zu 8. Das Ziel ist der Grund, die Mittel zu wollen. Daher verhält sich der Wille zu beiden nicht auf die gleiche Weise.

Zu 9. Wenn man zum Ziel nur auf einem Weg gelangen könnte, dann wären der Grund, das Ziel zu wollen, und die Mittel dasselbe. Aber so ist es in dem vorliegenden Fall nicht, denn man kann auf vielen Wegen zur Glückseligkeit gelangen. Und mag der Mensch daher auch aus Notwendigkeit die Glückseligkeit wollen, so will er dennoch kein Mittel, das zur Glückseligkeit führt, mit Notwendigkeit.

Zu 10. Intellekt und Wille sind in gewisser Weise einander ähnlich, in gewisser Weise einander unähnlich. Unähnlich sind sie hinsichtlich der Ausführung der Handlung, denn der Intellekt wird vom Willen zum Handeln bewegt, der Wille aber wird nicht von einem anderen Ver-

autem non ab alia potentia, sed a seipsa. Sed ex parte obiecti est utrobique similitudo; sicut enim voluntas movetur ex necessitate ab obiecto quod est omnifariam bonum, non autem ab obiecto quod potest accipi secundum aliquam rationem ut malum; ita etiam intellectus ex necessitate movetur a vero necessario quod non potest accipi ut falsum, non autem a vero contingenti, quod potest accipi ut falsum.

11. Ad undecimum dicendum quod dispositio primi moventis manet in his quae ab eo moventur in quantum moventur ab ipso; sic enim eius similitudinem recipiunt. Non tamen oportet quod totaliter eius similitudinem consequantur; unde primum principium movens est immobile, non autem alia.

12. Ad duodecimum dicendum quod ex hoc ipso quod verum est intentio quaedam quasi in mente existens, habet quod sit magis formale quam bonum et magis motivum in ratione obiecti; sed bonum est magis motivum secundum rationem finis, ut dictum est.

13. Ad decimumtertium dicendum quod amor dicitur transformare amantem in amatum in quantum per amorem movetur amans ad ipsam rem amatam; cognitio vero assimilat in quantum similitudo cogniti fit in cognoscente; quorum primum pertinet ad immutationem quae est ab agente quod quaerit finem; secundum vero pertinet ad immutationem quae est secundum formam.

14. Ad decimumquartum dicendum quod assentire non

mögen bewegt, sondern von sich selbst. Aber aufseiten des Objekts besteht bei beiden eine Ähnlichkeit. Wie nämlich der Wille aus Notwendigkeit von einem Objekt bewegt wird, das in jeder Hinsicht gut ist, nicht jedoch von einem Objekt, das in bestimmter Hinsicht als schlecht angesehen werden kann, so wird auch der Intellekt mit Notwendigkeit von einem notwendig Wahren bewegt, das nicht als falsch angenommen werden kann, nicht aber von einem kontingenten Wahren, das als falsch angenommen werden kann.

Zu 11. Die Bestimmung des ersten Bewegers bleibt in denen, die von ihm bewegt werden, insofern sie von ihm selbst bewegt werden; so nämlich empfangen sie die Ähnlichkeit mit ihm. Dennoch ist es nicht notwendig, dass sie die Ähnlichkeit mit ihm vollständig annehmen. Daher ist das erste bewegende Prinzip unbeweglich, nicht aber die anderen.

Zu 12. Aus der Tatsache, dass das Wahre eine Intention ist, die gleichsam im Geist existiert, ergibt sich, dass sie mehr formgebend ist als das Gute und in Bezug auf das Objekt mehr bewegend. Aber das Gute ist – wie gesagt wurde – mehr bewegend entsprechend der Maßgabe des Zieles.

Zu 13. Von der Liebe heißt es, dass sie den Liebenden in den Geliebten verwandelt, insofern der Liebende durch die Liebe zur geliebten Sache bewegt wird. Die Erkenntnis aber gleicht an, insofern eine Ähnlichkeit des Erkannten im Erkennenden entsteht. Das erste gehört zur Veränderung, die vom Tätigen ausgeht, das ein Ziel sucht, das zweite aber gehört zur Veränderung, die gemäß der Form geschieht.

Zu 14. Zustimmen besagt nicht eine Bewegung des Intel-

nominat motum intellectus ad rem, sed magis ad conceptionem rei, quae habetur in mente; cui intellectus assentit dum iudicat eam esse veram.

15. Ad decimumquintum dicendum quod non omnis causa ex necessitate inducit effectum etiam si sit causa sufficiens; eo quod causa potest impediri ut quandoque effectum suum non consequatur, sicut causae naturales, quae non ex necessitate producunt suos effectus, sed ut in pluribus, quia in paucioribus impediuntur. Sic igitur illa causa quae facit voluntatem aliquid velle, non oportet quod ex necessitate hoc faciat, quia potest per ipsam voluntatem impedimentum praestari, vel removendo talem considerationem quae inducit eum ad volendum, vel considerando oppositum, scilicet quod hoc quod proponitur ut bonum secundum aliquid non est bonum.

16. Ad decimumsextum dicendum quod Philosophus in VIII Metaphisice ostendit per illud medium, non quod aliqua potentia non sit activa ad contraria se habens, sed quod potentia activa ad contraria se habens non ex necessitate producit suum effectum. Hoc enim posito manifeste sequeretur quod contradictoria essent simul. Si autem detur, quod aliqua potentia activa ad opposita se habeat, non sequitur opposita esse simul; quia etsi utrumque oppositorum ad quod potentia se habet sit possibile, unum tamen est incompossibile alteri.

lekts zur Sache, sondern mehr zur Erfassung der Sache, die im Geist stattfindet. Ihr stimmt der Intellekt zu, wenn er urteilt, dass sie wahr ist.

Zu 15. Nicht jede Ursache ruft mit Notwendigkeit eine Wirkung hervor, auch wenn es sich um eine hinreichende Ursache handelt, weil die Ursache behindert werden kann, so dass sie zuweilen ihre Wirkung nicht erzielt, wie natürliche Ursachen, die ihre Wirkungen nicht mit Notwendigkeit hervorbringen, sondern nur in den meisten Fällen, weil sie in einigen Fällen daran gehindert werden. So also muss jene Ursache, die den Willen veranlasst, etwas zu wollen, dieses nicht aus Notwendigkeit tun, weil durch den Willen selbst ein Hinderungsgrund errichtet werden kann, entweder durch die Beseitigung einer solchen Überlegung, die ihn zum Wollen führt, oder durch das Erwägen des Gegenteils, weil etwa das, was als gut vorgestellt wird, in bestimmter Hinsicht nicht gut ist.

Zu 16. Aristoteles zeigt im achten Buch der *Metaphysik* durch jenes Beweismittel nicht, dass ein Vermögen, das sich auf Gegensätzliches beziehen kann, nicht aktiv ist, sondern dass ein aktives Vermögen, das sich auf Gegensätzliches bezieht, nicht aus Notwendigkeit seine Wirkung hervorbringt. Wenn man dieses annähme, würde offenkundig folgen, dass einander Widersprechendes zugleich existierte. Wenn man aber zugäbe, dass ein aktives Vermögen sich auf Entgegengesetztes bezieht, folgt daraus nicht, dass das Entgegengesetzte zugleich besteht, weil, auch wenn jedes der Entgegengesetzten, auf das sich das Vermögen bezieht, möglich ist, das eine dennoch unvereinbar mit dem anderen ist.

17. Ad decimumseptimum dicendum quod voluntas quando de novo incipit eligere, transmutatur a sua priori dispositione quantum ad hoc quod prius erat eligens in potentia et postea fit eligens actu; et haec quidem transmutatio est ab aliquo movente, in quantum ipsa voluntas movet seipsam ad agendum et in quantum etiam movetur ab aliquo exteriori agente, scilicet Deo. Non tamen ex necessitate movetur, ut dictum est.

18. Ad decimumoctavum dicendum quod principium humanae cognitionis est a sensu; non tamen oportet quod quicquid ab homine cognoscitur sit sensui subiectum, vel per effectum sensibilem immediate cognoscatur; nam et ipse intellectus intelligit seipsum per actum suum qui non est sensui subiectus: similiter autem et interiorem actum voluntatis intelligit in quantum per actum intellectus quodammodo movetur voluntas, et alio modo actus intellectus causatur a voluntate, ut dictum est, sicut effectus cognoscitur per causam et causa per effectum. Dato tamen quod potentia voluntatis ad opposita se habens non possit cognosci nisi per effectum sensibilem, adhuc ratio non sequitur. Sicut enim universale quod est ubique et semper, cognoscitur a nobis per singularia quae sunt hic et nunc, et materia prima, quae est in potentia ad diversas formas, cognoscitur a nobis per successionem formarum, quae tamen non sunt simul in materia, ita et potentia voluntatis ad

Zu 17. Wann immer der Wille von neuem zu wählen anfängt, verwandelt er sich von seiner vorherigen Verfassung dahingehend, dass er zuvor der Möglichkeit nach wählend war, nachher aber aktuell wählend ist. Und diese Verwandlung geht zwar von einem Beweger aus, insofern der Wille selbst sich zum Handeln bewegt und insofern er auch von einem äußeren Handelnden bewegt wird, nämlich von Gott. Dennoch wird er nicht aus Notwendigkeit bewegt, wie gesagt wurde.

Zu 18. Der Anfang menschlicher Erkenntnis liegt im Sinn. Dennoch muss nicht ein jedes, was vom Menschen erkannt wird, dem Sinn unterworfen sein oder durch eine sinnliche Wirkung unmittelbar erkannt werden. Denn auch erkennt sich der Intellekt selbst durch seine Tätigkeit, die nicht dem Sinn unterliegt. Auf ähnliche Weise aber erkennt er auch den inneren Akt des Willens, insofern durch den Akt des Intellekts der Wille in gewisser Weise bewegt wird und auf andere Weise der Akt des Intellekts vom Willen verursacht wird, wie gesagt worden ist, so wie die Wirkung durch die Ursache und die Ursache durch die Wirkung erkannt wird. Jedoch zugegeben, dass das Vermögen des Willens, das sich auf Gegensätzliches bezieht, nur durch die sinnlichen Wirkungen erkannt werden kann, so ist das Argument noch immer nicht schlüssig. Wie nämlich das Allgemeine, das überall und immer ist, von uns durch Einzelnes erkannt wird, das hier und jetzt ist, und die erste Materie, die in Möglichkeit zu verschiedenen Formen ist, von uns durch eine Abfolge von Formen erkannt wird, die dennoch nicht zugleich in der Materie sind, so wird auch das Vermögen des Willens, das sich auf Ge-

opposita se habens cognoscitur a nobis, non quidem per hoc quod actus oppositi sint simul, sed quia successive sibi invicem succedunt ab eodem principio.

19. Ad decimumnonum dicendum quod ista propositio *sicut se habet actus ad actum, ita se habet potentia ad potentiam*, quodammodo est vera et quodammodo falsa. Si enim accipiatur actus ex aequo respondens potentiae ut universale obiectum ipsius, veritatem habet propositio; sic enim se habet auditus ad visum sicut sonus ad colorem. Si autem accipiatur id quod continetur sub obiecto universali sicut particularis actus, sic propositio veritatem non habet; una est enim potentia visiva, cum tamen album et nigrum non sint idem. Licet ergo simul insit homini potentia voluntatis ad opposita se habens, tamen opposita illa ad quae habet voluntas non sunt simul.

20. Ad vicesimum dicendum quod idem secundum idem non movet seipsum; sed secundum aliud potest seipsum movere; sic enim intellectus in quantum intelligit actu principia, reducit seipsum de potentia in actum quantum ad conclusiones; et voluntas in quantum vult finem, reducit se in actum quantum ad ea quae sunt ad finem.

21. Ad vicesimumprimum dicendum quod motus voluntatis cum sint multiformes, reducuntur ad aliquod principium uniforme; quod tamen non est corpus caeleste, sed Deus, ut dictum est, si accipiatur principium quod

gensätzliches bezieht, von uns erkannt, zwar nicht dadurch, dass die entgegengesetzten Akte zugleich sind, sondern weil sie aufeinander sukzessiv von demselben Prinzip folgen.

Zu 19. Der Satz: »wie sich der Akt zum Akt verhält, so verhält sich das Vermögen zum Vermögen«, ist auf gewisse Weise wahr, in gewisser Hinsicht falsch. Wenn nämlich der Akt aufgefasst wird als etwas, das dem Vermögen in gleicher Weise entspricht wie sein allgemeiner Gegenstand, dann ist der Satz wahr; denn so verhält sich das Hören zum Sehen wie der Ton zur Farbe. Wenn man aber das, was unter dem allgemeinen Gegenstand enthalten ist, wie einen einzelnen Akt versteht, dann ist dieser Satz nicht wahr. Eines nämlich ist das Sehvermögen, während Weiß und Schwarz nicht dasselbe sind. Mag also der Mensch über ein Vermögen des Willens verfügen, das sich zugleich auf Gegensätzliches bezieht, so sind doch jene Gegensätzlichen, auf die sich der Wille bezieht, nicht zugleich.

Zu 20. Dasselbe bewegt sich in Bezug auf dasselbe nicht selbst, aber es kann sich in Bezug auf ein anderes selbst bewegen. So nämlich führt der Intellekt, insofern er wirklich die Prinzipien einsieht, sich selbst hinsichtlich der Schlussfolgerungen von der Möglichkeit in die Wirklichkeit; und der Wille, insofern er ein Ziel will, führt sich in die Wirklichkeit in Bezug auf die Mittel zum Ziel.

Zu 21. Da die Bewegungen des Willens vielgestaltig sind, werden sie auf ein einförmiges Prinzip zurückgeführt, das dennoch nicht ein Himmelskörper ist, sondern Gott, wie gesagt wurde, wenn man ein Prinzip annimmt, das

directe voluntatem movet. Si autem loquamur de motu voluntatis secundum quod movetur ab exteriori sensibili per occasionem, sic motus voluntatis reducitur in corpus caeleste. Nec tamen ex necessitate voluntas movetur; non enim est necessarium quod praesentatis sibi delectabilibus voluntas appetat ipsa. Nec tamen verum est quod ea quae directe causantur a corporibus caelestibus ex necessitate ab ipsis proveniant; ut enim Philosophus dicit in VI Metaphisice, si omnis effectus ex aliqua causa procederet et omnis causa ex necessitate produceret suum effectum, sequeretur quod omnia essent necessaria. Sed utrumque istorum est falsum, quia aliquae causae etiam cum sint sufficientes, non ex necessitate producunt suos effectus, quia possunt impediri, sicut patet in omnibus causis naturalibus. Nec iterum verum est quod omne quod fit, habeat causam naturalem; ea enim quae fiunt per accidens, non fiunt ab aliqua causa activa naturali, quia quod est per accidens non est ens et unum. Sic igitur occursus impedientis, cum sit per accidens, non reducitur in corpus caeleste sicut in causam: agit enim corpus caeleste per modum agentis naturalis.

22. Ad vicesimumsecundum dicendum quod ille qui facit quod non vult non habet liberam actionem, sed potest habere liberam voluntatem.

23. Ad vicesimumtertium dicendum quod homo peccans

den Willen unmittelbar bewegt. Wenn wir aber von der Bewegung des Willens sprechen, sofern er von einem äußeren Sinnfälligen bei Gelegenheit bewegt wird, so kann die Bewegung des Willens auf einen Himmelskörper zurückgeführt werden. Gleichwohl wird der Wille nicht aus Notwendigkeit bewegt, denn es ist nicht notwendig, dass der Wille, wenn ihm etwas Genussvolles vorgestellt wird, dieses auch selbst begehrt. Und dennoch ist es nicht wahr, dass das, was direkt von Himmelskörpern verursacht wird, aus Notwendigkeit von diesen hervorgeht, wie nämlich Aristoteles im sechsten Buch der *Metaphysik* sagt: Wenn jede Wirkung aus einer Ursache hervorginge und jede Ursache ihre Wirkung mit Notwendigkeit hervorbrächte, so folgte, dass alles notwendig wäre. Aber beides ist falsch, weil Ursachen, auch wenn sie nicht zureichend sind, ihre Wirkungen nicht mit Notwendigkeit hervorbringen, da sie gehindert werden können, wie es bei allen natürlichen Ursachen offenkundig ist. Und wiederum ist nicht wahr, dass alles, was geschieht, eine natürliche Ursache hat. Denn das, was beiläufig geschieht, geschieht nicht durch eine aktive natürliche Ursache, weil das Beiläufige kein Seiendes und Eines ist. So kann also das Auftreten eines Hindernisses, wenn es beiläufig erfolgt, nicht auf einen Himmelskörper als Ursache zurückgeführt werden. Ein Himmelskörper ist nämlich tätig auf die Weise eines natürlich Tätigen.

Zu 22. Jener, der macht, was er nicht will, verfügt nicht über eine freie Handlung, aber er kann einen freien Willen haben.

Zu 23. Ein Mensch, der sündigt, verdirbt das freie Entschei-

liberum arbitrium perdidit quantum ad libertatem quae est a culpa et miseria, non autem quantum ad libertatem quae est a coactione.

24. Ad vicesimumquartum dicendum quod consuetudo facit necessitatem non simpliciter, sed in repentinis praecipue; nam ex deliberatione quantumcumque consuetus potest contra consuetudinem agere.

dungsvermögen hinsichtlich der Freiheit, die frei von Schuld und Elend ist, nicht aber hinsichtlich der Freiheit, die frei vom Zwang ist.

Zu 24. Gewohnheit bewirkt Notwendigkeit nicht schlechthin, sondern vor allem in unvermuteten Situationen; denn aus Überlegung kann auch ein noch so großer Gewohnheitsmensch entgegen seiner Gewohnheit handeln.

Zu dieser Ausgabe

Der Übersetzung liegt die kritische Edition der Quaestio 6 *De electione humana* der Editio Leonina zugrunde, die im Kontext der *Quaestiones disputatae de malo* als Band XXIII der Editio Leonina erschienen ist. Der 1982 im Druck erschienene kritische Text umfasst acht doppelspaltige Folioseiten (S. 145–153). Eine textkritische Einleitung findet sich eingangs auf den Seiten 3*–72*. Deutlich erkennbar sind zwei sogenannte Pecien-Traditionen, die auf universitäre Abschriften von Teilen (*peciae*) eines Manuskripts zurückgehen und Aufschluss über die Verbreitung und Rezeption eines Textes bieten (S. 21*–64*). Die Quaestio 6 gehört zur ältesten Handschriftentradition der Pecien-Überlieferung und bezeugt das hohe Interesse an diesem Text (siehe Jean-Pierre Torrell, Magister Thomas, S. 217).

Um das vergleichende Lesen von lateinischem Text und deutscher Übersetzung nicht unnötig zu erschweren, ist der lateinische Text in klassischer lateinischer Schreibweise, nicht in der harmonisierten mittellateinischen Schreibweise abgedruckt. Das heißt vor allem: die eindeutige Auflösung der *e caudata* (e wird zu e oder ae) und die Unterscheidung zwischen *u* und *v* sowie der Verzicht auf Sonderschreibweisen.

Ferner werden gegenüber der Editio Leonina die Quellenhinweise, wo erforderlich, aktualisiert und nach den neuesten kritischen Editionen angegeben.

Die Übersetzung versucht, Textnähe mit bestmöglicher Verständlichkeit und Klarheit zu verbinden. Ziel ist eine Übersetzung, die sprachlich präzise und zugleich anschlussfähig für philosophische und theologische Gegenwartsde-

batten ist. Zu diesem Zweck werden auch philosophische Fachtermini wie ›Prinzip‹ oder ›Substanz‹ nicht eingedeutscht.

Eine Herausforderung bleiben vor allem Begriffe mit einer komplexen Bedeutungsbreite, die es erforderlich macht, sich im Deutschen kontextbezogen für eine Variante zu entscheiden, wobei nicht selten die Konnotation weiterer Bedeutungsaspekte mitschwingt. Ein Paradebeispiel ist der Begriff *ratio*, der nicht nur ›Vernunft‹, sondern auch ›Grund‹, ›Ursache‹, ›Wesen‹, ›Argument‹, ›Bedeutung‹, ›Beziehung‹ oder ›Art und Weise‹ bedeuten kann. So bezeichnet *ratio* im Kontext der Epistemologie im Unterschied zu *intellectus* den niederen Teil des zweistufig gedachten Intellekts, der diskursiv erkennt und an die Materialität der Erkenntnisgegenstände gebunden ist, während der *intellectus*, der sowohl das vernünftige Seelenvermögen im Ganzen bezeichnen kann wie auch dessen höheren Teil, als dieser höhere Teil die Prinzipien intuitiv erfasst und rein Geistiges erkennt. Dieser Sachverhalt erfordert – anders als der Sprachgebrauch der deutschen Terminologiesprache nach Kant – die Übersetzung von *intellectus* mit ›Verstand‹ und von *ratio* mit ›Vernunft‹, da für Thomas der Mensch als *animal rationale* sich durch die gebundene Vernunft auszeichnet; sein *intellectus* ist wesentlich eine *ratio*. Ist das vernünftige Erkenntnisvermögen im Ganzen gemeint, so bietet sich auch die Übersetzung mit ›Intellekt‹ an.

Anmerkungen

7,4–6 *Zuerst wird … Notwendigkeit wählt:* Die Frage verweist auf den dritten der am 10. Dezember 1270 von Bischof Étienne Tempier verurteilten Artikel. Vgl. *Chartularium Universitatis Parisiensis* (CUP) I, n. 432, hrsg. von Heinrich Denifle und Émile Chatelaine, Paris 1889, S. 487: »Quod voluntas hominis ex necessitate vult vel eligit.« (»Der Wille des Menschen will und wählt aus Notwendigkeit.«)

7,9–11 *Der Weg … zu lenken:* Jer 10, 23.

7,19–22 *Es ist … erbarmenden Gottes:* Röm 9, 16. Vgl. zudem Petrus Lombardus, *Glossa in Epistolam ad Romanos* 9, 16 (PL 191, 1460 B).

7,27–9,1 *Es wurde … unbewegliche Weise:* Vgl. Aristoteles, *Eudemische Ethik* VII, 14 (1248a17–32).

9,13 f. *Gewaltsam ist … nichts beiträgt:* Vgl. Aristoteles, *Nikomachische Ethik* III, 1 (1110a1) und 2 (1110b15); vgl. Thomas von Aquin, *Quaestiones disputatae de veritate*, q. 22, a. 5 c., Roma 1976, 624,204–222 (Ed. Leonina XXII, 3).

9,22 f. *macht der Mensch … an ihm:* Augustinus, *Enchiridion*, cap. 100 (PL 40, 279; CCL 46, 103); vgl. zudem Petrus Lombardus, *Sententiae in IV libris distinctae*, lib. 1, d. 47, c. 1, Spicilegium Bonaventurianum IV, Grottaferrata 1971, 321–323.

11,3–6 *Jedes Vermögen … ein Erleiden:* Vgl. Aristoteles, *De anima* II, 23 (424a1) und III, 4 (429b25).

11,9–13 *Es sagt … Bewegendes ist:* Aristoteles, *De anima* III, 10 (433b11–12) und – abweichend von der Angabe des Thomas – *Metaphysik* XII, 7 (1072a26).

11,13 f. *Also ist der Wille ein passives Vermögen:* Verweis auf den neunten Artikel der Irrtumsliste von 1270; vgl. CUP I, n. 432, hrsg. von Heinrich Denifle und Émile Chatelaine, Paris 1889, 487: »Quod liberum arbitrium est potentia passiva, non activa; et quod necessitate movetur ab appetibili.« (»Die freie Entscheidung ist ein passives, kein aktives Vermögen, und sie wird aus Notwendigkeit von dem Erstrebbaren bewegt.«)

11,17 f. *Also scheint … zu werden:* Erneuter Verweis auf den neunten Artikel.

11,20–22 *Hingegen sagt ... sein will:* Vgl. dazu paradigmatisch Augustinus, *De Trinitate* XIII, 3 (PL 42, 1018; CCL 50 A, 389).

13,9–13 *Aber der Intellekt ... zuzustimmen:* Vgl. Aristoteles, *Metaphysik* V, 6 (1015b6).

13,26–28 *Aber nach ... im Geist:* Aristoteles, *Metaphysik* VI, 4 (1027b25–27).

13,31–15,1 *Aber das Wahre ... gesagt wurde:* Vgl. arg. 10.

15,6 f. *De divinis nominibus:* Dionysius, *De divinis nominibus* 4, 13 (PG 3, 712 A); *Corpus Dionysiacum* I, hrsg. von Beata Regina Suchla, Berlin /New York 1990, 158–159 (Patristische Studien und Texte 33.).

17,7 *wie Avicenna beweist:* Avicenna, *Metaphysik* I, 7 (Avicenna Latinus, *Liber de philosophia prima*, hrsg. von Simone Van Riet, Leuven/Leiden 1977). Vgl. Thomas von Aquin, *Quaestiones disputatae de veritate*, q. 23, a. 5, arg. 1, 665,2–17 (Ed. Leonina XXII, 3).

17,14–17 *Keine Kraft ... das Unmögliche:* Vgl. Aristoteles, *Analytica posteriora* I, 13 (32a18–20).

17,17–19 *Es würde ... unmöglich ist:* Vgl. Aristoteles, *Metaphysik* IV, 15 (1011b21).

17,27–30 *Wenn sich ... bewegt wird:* Vgl. Aristoteles, *Physik* VIII, 7 (254b24 ff.).

19,7 f *Das Prinzip ... der Sinn:* Vgl. Aristoteles, *Analytica posteriora* II, 20 (100a10) und *Metaphysik* I, 1 (981a2).

19,25 f. *Nach Augustinus ... De Trinitate:* Augustinus, *De Trinitate* I, 1, 1 (PL 42, 820; CCL 50, 28).

21,8 f. *Alles Vielgestaltige ... zurückgeführt:* Vgl. Aristoteles, *Physik* VIII, 19 (264b9 ff.) und IV, 23 (223b18–21).

21,10 f. *eine einförmige ... Himmels ist:* Vgl. Aristoteles, *De caelo* II, 8 (288a13 ff.).

21,25 *ich tue ... hasse:* Röm 7,15.

21,27–29 *der Mensch, ... zugrunde richtet:* Augustinus, *Enchiridion* 30 (PL 40, 246; CCL 46, 65).

23,2 f. *eine Notwendigkeit ... widersetzt:* Augustinus, *Confessiones* VIII, 5, 10 (PL 32, 753; CSEL 33, 178).

23,7 f. *Gott hat ... überlassen:* Sir 15,14.

23,11 f. *wie es ... Ethik heißt:* Aristoteles, *Nikomachische Ethik* III, 6 (1112a14–15).

23,14 f. *Vernünftige Vermögen ... Entgegengesetztes:* Vgl. Aristoteles, *Metaphysik* IX, 2 (1046b4–5).

23,16 f. *wie es ... anima heißt:* Aristoteles, *De anima* III, 9 (432b5).

23,20–23 *Gemäß Aristoteles ... zu handeln:* Aristoteles, *Nikomachische Ethik* III, 1 (1110a17–18) und VI, 13 (1144a10–11); vgl. zudem Nemesius von Emesa, *De natura hominis*, cap. 41 (PG 40, 776 A); cap. 40: »propter quam causam liberi arbitrio geniti sumus« (CLCAG, Suppl. 1, Leiden 1975, 150).

23,26 *Einige haben behauptet:* Dritter Artikel auf der Irrtumsliste von 1270 (siehe Anm. 7,4–6).

23,28–25,1 *Dennoch behaupten ... außerhalb ist:* Vgl. Aristoteles, *Nikomachische Ethik* III, 1 (1110a1 und 1110b15).

25,11–15 *Sie muss ... zunichtemacht:* Vgl. Albertus Magnus, *De quindecim problematibus* IX, hrsg. von B. Geyer, 41 (Col. XVII-1): »Quod vero nono dicunt liberum arbitrium esse potentiam passivam et non activam et ideo de necessitate moveri ab ipso appetibili, omnino absurdum est et contra principia ethicorum philosophorum.« (»Was sie neuntens sagen, dass die freie Entscheidung ein passives und kein aktives Vermögen ist, ist vollkommen absurd und gegen die Prinzipien der philosophischen Ethik.«)

25,19–21 *Derartige Positionen ... genannt:* Vgl. Aristoteles, Topik I, 11 (104b19–20 und 34).

25,23–26 *Nun sind ... Argumente:* Sophistische Argumente sind bewusst intendierte Trugschlüsse oder Scheinbeweise in der Argumentation. Aristoteles unterscheidet zwischen Folgerungen, die nur scheinbar gelten, und Folgerungen, die zwar formal korrekt sind und damit gelten, aber dennoch nicht der Sache angemessen sind. Siehe Aristoteles, *Sophistische Widerlegungen*, 8 (169b20–24).

25,26 f. *wie es ... Metaphysik heißt:* Aristoteles, *Metaphysik* IV, 5 (1009a19–22).

27,2 *wie es ... anima heißt:* Aristoteles, *De anima* III, 10 (433a13–18).

27,16 f. *Weil aber ... bestehen:* Vgl. Aristoteles, *Metaphysik* I, 1 (981a16–17).

29,13–18 *Und die erste ... bestimmt:* Vgl. Aristoteles, *De anima* II, 6 (415a18–20).

29,25–31,2 *Wenn wir aber ... begriffen werden:* Thomas bedient sich

hier wie an anderen Stellen der auf Aristoteles zurückgehenden Lehre von den vier Ursachen: der Formursache *(causa formalis)*, der Material- oder Stoffursache (*causa materialis*) der Final- oder Zielursache (*causa finalis*) und der Wirkursache (*causa efficiens*). Siehe Aristoteles, *Metaphysik* v, 1–2 und *Physik* II, 3.

31,22–24 *Daher definiert ... wenn er will:* Averroes, *In De anima* III, comm. 18, CCAA, vol. VI,1, hrsg. von Frederick Stuart Crawford, Cambridge (MA) 1953, 438,26–29.

33,17–20 *Da also ... Entgegengesetzten enthält:* Vgl. Nemesius von Emesa, *De natura hominis*, cap. 34, PG 40, 736 B; cap. 33: »De quibus consiliamur«, CLCAG, Suppl. 1, Leiden 1975, 129–130.

33,31 *Daher haben einige angenommen:* Nicht näher bekannte antike Autoren (*antiqui philosophi*); vgl. Aristoteles, *De anima* III, 3 (427a26).

35,2 f. *Weil der Wille ... Vernunft ist:* Aristoteles, *De anima* III, 9 (432b5).

35,11 f. *Auf diese ... De anima:* Aristoteles, *De anima* III, 3 (427a26).

35,16 f. *wie Aristoteles ... schlussfolgert:* Aristoteles, *Eudemische Ethik* VIII, 2 (1248a17–32).

37,7–11 *Wenn also ... Glückseligkeit:* Vgl. Augustinus, *De Trinitate* XIII, 3, PL 42, 1018; CCL 50 A, 389.

37,11 f *ein durch ... Zustand:* Boethius, *De consolatione philosophiae* III, 2 (PL 63, 724 A; CCL 94, 38; CSEL 67, 47).

39,11 f. *Wie beschaffen ... das Ziel:* Aristoteles, *Nikomachische Ethik* III, 5 (1114a32–b1).

39,17–21 *Wenn daher ... zu erkennen:* Vgl. Dionysius, *De divinis nominibus* 4, 23, PG 3, 725 C; *Corpus Dionysiacum* I, hrsg. von Beata Regina Suchla, *Patristische Studien und Texte* 33, Berlin / New York 1990, 171–172.

41,12 f. *Und demgemäß sagt der Apostel:* Röm 9,16.

41,26–29 *So ist ... Weise hervor:* Thomas von Aquin unterscheidet in seinem Kommentar zu *De interpretatione* drei Gattungen kontingenten Geschehens voneinander: zum einen seltene Ereignisse (*ut in paucioribus*), die auf Zufall oder Glück beruhen (*a casu vel fortuna*); sodann das, was sich gleichermaßen zu beidem verhält (*ad utrumlibet, indifferenter ad diversa*), d. h. aus freier Wahl (*ex elec-*

tione) hervorgeht; und schließlich, was sich in den meisten Fällen ereignet (*ut in pluribus*). Thomas referiert an dieser Stelle auf den zweiten Typ von Kontingenz. Siehe Thomas von Aquin, *Expositio Libri Peryermeinas* (editio altera) lib. I, lect. 13, 67,163–68,173 (Ed. Leonina I*1).

43,11 f. *Denn was ... macht er:* Ps 134(135),6.

43,12–18 *Und obwohl ... Willen erfüllt:* Vgl. Boethius, *De consolatione philosophiae* IV, 6 (PL 63, 820 A; CCL 94, 83; CSEL 67, 101).

43,23 f. *So hoch ... euren Wegen:* Jes 55,9.

47,18–22 *Aus der Tatsache ... des Zieles:* Vgl. Responsio (hier S. 29–31).

49,19 *Aristoteles zeigt ... Metaphysik:* Abweichend von der Angabe des Thomas: Aristoteles, *Metaphysik* IX, 4 (1048b5–10).

51,8 f. *Dennoch wird ... gesagt wurde:* Vgl. Responsio (hier S. 29) und ad 15 (hier S. 49).

51,19 f. *wie gesagt worden ist:* Vgl. Responsio (hier S. 29–31).

51,21–23 *Jedoch zugegeben ... bezieht:* Vgl. Aristoteles, *Metaphysik* IX, 2 (1046b4–5).

51,25 f. *Wie nämlich ... immer ist:* Vgl. Aristoteles, *Analytica posteriora* I, 42 (87b32–33).

53,30 f. *das dennoch ... gesagt wurde:* Vgl. *Responsio* (hier S. 35).

55,11 f. *wie nämlich ... Metaphysik sagt:* Aristoteles, *Metaphysik* VI, 1 (1027a29 ff).

55,19–23 *Und wiederum ... Eines ist:* Vgl. Aristoteles, *Metaphysik* XI, 8 (1064b23–30).

55,31–57,3 *Ein Mensch, ... Zwang ist:* Vgl. Bernhard von Clairvaux, *De gratia et libero arbitrio* III,6, PL 182, 1005 AB; *S. Bernardi Opera* vol. III, Rom 1963, 170; vgl. zudem Petrus Lombardus, *Sententiae in IV libris distinctae*, lib. II, d. 25, c. 8., *Spicilegium Bonaventurianum* IV, Grottaferrata 1971, 466–469.

Literaturhinweise

Abkürzungen

CCAA	Corpus Commentariorum Averrois in Aristotelem
CCL	Corpus Christianorum Series Latina
CLCAG	Corpus Latinum commentariorum in Aristotelem Graecorum
CSEL	Corpus Scriptorum Ecclesiasticorum Latinorum
CUP	Chartularium Universitatis Parisiensis
HBPhMA	Herders Bibliothek der Philosophie des Mittelalters
PG	Patrologia Graeca
PL	Patrologia Latina

Textausgaben

Albertus Magnus: De quindecim problematibus. Hrsg. von Bernhard Geyer. Münster 1975. (Editio Coloniensis XVII-1.)

Aristoteles: Opera omnia. Vol. 1–2. Hrsg. von Immanuel Bekker. Berlin 1831–1870. (Nachdruck Berlin 1961.)

Augustinus: Enchiridion ad Laurentium de fide et spe et caritate. Hrsg. von E. Evans. Turnhout 1969. (CCL 46; alternativ PL 40.)

– De Trinitate. Libri I–XII und Libri XIII–XV. Hrsg. von W. J. Mountain und Fr. Glorie. Turnhout 1968. (CCL 50 und 50 A.)

– Confessiones. Hrsg. von Lucas Verheijen. Turnhout 1981. / Hrsg. von Pius Knöll. Prag/Wien/Leipzig 1896. (CSEL 33; alternativ PL 32.)

Averroes: In De anima. Hrsg. von Frederick Stuart Crawford. Cambridge (MA) 1953. (CCAA, vol. VI,1.)

Avicenna Latinus: Liber de philosophia prima. Hrsg. von Simone Van Riet. Leuven-Leiden 1977.

Bernhard von Clairvaux: De gratia et libero arbitrio. S. Bernardi Opera. Vol. III. Rom 1963. (Alternativ PL 182.)

Boethius: De consolatione philosophiae.

– Hrsg. von Ludwig Biehler. Turnhout 1957. (CCL 94.) / Hrsg. von Wilhelm Weinberger. Wien/Leipzig 1934. (CSEL 67; alternativ PL 63.)

Chartularium Universitatis Parisiensis I. Hrsg. von Heinrich Denifle und Émile Chatelaine. Paris 1889.
Dionysius Areopagita: De divinis nominibus. Corpus Dionysiacum I. Hrsg. von Beata Regina Suchla. Berlin / New York 1990. (Patristische Studien und Texte 33; alternativ PG 3.)
Heinrich von Gent: Quodlibet I. Opera omnia V. Hrsg. von Raymond Macken, Leuven/Leiden 1979.
– Quaestiones quodlibetales. Ausgewählte Fragen zur Willens- und Freiheitslehre. Übers. und eingel. von Jörn Müller. Freiburg i. Br. 2011. (HBPhMA 28.)
Johannes Duns Scotus: Lectura I, d. 39. Vatican 1966. (Opera omnia XVII.)
– Reportatio I A. Pariser Vorlesungen über Wissen und Kontingenz. Hrsg. und übers. von Joachim Söder. Freiburg i. Br. 2005. (HBPhMA 4.)
Nemesius von Emesa: De natura hominis. Leiden 1975. (CLCAG, Suppl. 1; alternativ PG 40.)
Petrus Lombardus: Sententiae in IV libris distinctae. Grottaferrata 1971. (Spicilegium Bonaventurianum IV.)
– Glossa in Epistolam ad Romanos. (PL 191.)
Thomas von Aquin: Quaestiones disputatae de veritate. Hrsg. von A. Dondaine. Rom 1972–76. (Editio Leonina XXII, 1–3.)
– Quaestiones disputatae de malo. Hrsg. von P.-M. Gils. Rom 1982. (Editio Leonina XXIII.)
– De unitate intellectus. Opuscula. Rom 1976. (Editio Leonina XLIII, 291–314.)
– Epistula de operationibus occultis naturae. Opuscula. Rom 1976. (Editio Leonina XLIII, 183–186.)
– Expositio libri Peryermenias. Editio altera et retractata. Rom 1989. (Editio Leonina I*1.)
– Summa theologiae. Rom 1888–1906. (Editio Leonina IV–XII.)
– Summa contra gentiles. Rom 1918–1930. (Editio Leonina XIII–XV.)
Wilhelm de la Mare: Correctorium corruptorii »Quare«. In: Palémon Glorieux. Les premières polémiques thomistes I. Le Saulchoir 1927. (Bibliothèque thomiste IX.)

Sekundärliteratur

Aertsen, Jan A. / Emery Jr., Kent / Speer, Andreas (Hrsg.): Nach der Verurteilung von 1277. Philosophie und Theologie an der Universität von Paris im letzten Viertel des 13. Jahrhunderts. Studien und Texte. Berlin / New York 2000. (Miscellanea Mediaevalia 28.)

Bazán, Bernardo Carlos [u. a.] (Hrsg.): Les questions disputées et les questions quodlibétiques dans les facultés de théologie, droit et de médicine. Turnhout 1985. (Typologie des sources du Moyen Âge occidental. Fasc. 44–45.)

Brams, Jozef: La Riscoperta di Aristotele in Occidente. Milano 2003.

Chenu, Marie-Dominique: Die Theologie als Wissenschaft im 13. Jahrhundert. Ostfildern 2008. (Collection Chenu 4; frz.: La théologie comme science au XIIIe siècle. Paris ³1957.)

de Libera, Alain: L'unité de l'intellect. Commentaire du *De unitate intellectus contra averroistas* de Thomas d'Aquin. Paris 2004.

– »Philosophie et censure. Remarques sur la crise universitaire parisienne de 1270–1277«. In: Jan A. Aertsen / Andreas Speer (Hrsg.): Was ist Philosophie im Mittelalter? Berlin / New York 1998. S. 71–89. (Miscellanea Mediaevalia 26.)

Dod, Bernard D.: Aristoteles latinus. In: Norman Kretzmann / Anthony Kenny / Jan Pinborg (Hrsg.): The Cambridge History of Later Medieval Philosophy. Cambridge 1982. S. 45–79.

Feyerabend, Paul: Historische Wurzeln moderner Probleme. Berlin 2023. (Vorlesung an der ETH Zürich 1985.)

Goris, Wouter: Anthropologie und Erkenntnislehre (S. th. I, qq. 75–79 und 84–89). In: Andreas Speer (Hrsg.): Thomas von Aquin. Die Summa theologiae – Werkinterpretationen. Berlin / New York 2005. S. 125–140.

Hille, Markus: Die Pariser Verurteilung vom 10. Dezember 1270 im Spannungsfeld von Universitätsgeschichte, Theologie und Philosophie. Erfurt 2005. (Erfurter Theologische Studien 87.)

Hissette, Roland: Enquête sur les 219 articles condamnés à Paris le 7 mars 1277. Louvain/Paris 1977. (Philosophes Médiévaux XXII.)

Hoffmann, Tobias: Intellectualism and Voluntarism. In: Robert Pas-

nau (Hrsg.): The Cambridge History of Medieval Philosophy. Vol. 1. Cambridge 2009. S. 414–427.

Hoffmann, Tobias / Michon, Cyrille: Aquinas on Free Will and intellectual Determinism. In: Philosopher's Imprint. Vol. 17 (May 2017) no. 10.
(Online unter: https://quod.lib.umich.edu/p/phimp/521354.0017.010/--aquinas-on-free-will-and-intellectual-determinism?-view=image; letzter Zugriff: 11. 06. 2024.)

Honnefelder, Ludger (Hrsg.): Albertus Magnus und der Ursprung der Universitätsidee. Die Begegnung der Wissenschaftskulturen im 13. Jahrhundert und die Entdeckung des Konzepts der Bildung durch Wissenschaft. Berlin 2011.

Kim, Yul: Selbstbewegung des Willens bei Thomas von Aquin, Berlin 2007. (Veröffentlichungen des Grabmann-Instituts, 51.)

Lonergan, Bernard: Grace and Freedom. London [u. a.] 1971.

Lottin, Dom Odo: Psychologie et morale au XIIe et XIIIe siècle. Vol. 1. Gembloux ²1957.

– La date de la question disputée De malo de Saint Thomas d'Aquin. In: Revue d'histoire ecclésiastique 24 (1928). S. 373–388.

– La preuve de la liberté chez S. Thomas d'Aquin. In: Recherches de théologie ancienne et médiévale 23 (1956). S. 323–330.

Pesch, Otto Hermann: Philosophie und Theologie der Freiheit bei Thomas von Aquin in der Quaest. disp. 6 De malo. In: Münchner Theologische Zeitschrift 13 (1962). S. 1–25.

Piché, David: La condamnation parisienne de 1277. Texte latin, traduction, introduction et commentaire. Paris 1999.

Popper, Karl: Logik der Forschung. Zur Erkenntnistheorie der modernen Naturwissenschaft. Wien 1935.

Porro, Pasquale: Thomas Aquinas. A Historical and Philosophical Profile. Übers. von Joseph G. Trabbic und Roger W. Nutt. Washington 2016.

Riesenhuber, Klaus: Die Transzendenz der Freiheit zum Guten. München 1971.

Speer, Andreas: 1000 Jahre Philosophie. Ein anderer Blick auf die Philosophie des »Mittelalters«. Paderborn 2023.

– Naturgesetz und Dekalog bei Thomas von Aquin. In: Andreas

Speer / Guy Guldentops (Hrsg.): Das Gesetz – The Law – La Loi. Berlin/Boston 2014. S. 350–370. (Miscellanea Mediaevalia 38.)
– Theologie als Wissenschaft. Vergessenes Erbe und Herausforderung. Hinführung zu Chenus »Theologie als Wissenschaft im 13. Jahrhundert«. In: Marie-Dominique Chenu: Die Theologie als Wissenschaft im 13. Jahrhundert. Ostfildern 2008. S. 7–32. (Collection Chenu 4.)
– Das Glück des Menschen (S. th. I–II, qq. 1–5). In: Andreas Speer (Hrsg.): Thomas von Aquin. Die Summa theologiae – Werkinterpretationen. Berlin /New York 2005. S. 141–167.
Stump, Eleonore: Aquinas. London / New York ²2005. (The Arguments of the Philosophers.)
Torrell, Jean-Pierre: Magister Thomas. Leben und Werk des Thomas von Aquin. Freiburg i. Br. 1995.
van Steenberghen, Fernand: La philosophie au XIIIe siècle. Louvain/Paris ²1991. (Philosophes Médiévaux, XXVIII.)
Weijers, Olga: La ›disputatio‹ dans les Facultés des arts au Moyen Âge. Turnhout 2002. (Studia Artistarum 10.)
Weill-Parot, Nicolas: La science et l'occulte dans la nature au Moyen Âge. In: L'Homme et la Science. Actes du XVIe Congrès international de l'Association Guillaume Budé. Montpellier, 1er–4 septembre 2008. Textes réunis par Jacques Jouanna, Michel Fartzoff et Béatrice Bakhouche. Paris 2011. S. 523–531.

Nachwort

Determinierte Freiheit – Thomas von Aquin über die menschliche Wahl

Warum sollen wir uns mit einem 750 Jahre alten Text beschäftigen? Nun, er ist Teil einer langen Problemgeschichte, die bis zu den Anfängen der Philosophie zurückreicht. Wenn ich so antworte, teile ich die Überzeugung, dass man ein Problem nicht ohne seine Geschichte angemessen verstehen kann. Ganz so wie Paul Feyerabend (1924–1994) in seiner Züricher Vorlesung von 1985 davon spricht, dass man Probleme in der Wissenschaft »klären und vielleicht sogar lösen kann, wenn man auf den Ursprung der Probleme zurückgeht, dahin also, wo sie zum ersten Mal formuliert und die ersten Vorschläge zu ihrer Lösung unterbreitet wurden«.[1] Das gilt insbesondere für Probleme von ›langer Dauer‹, die sich einer schlichten Lösung entziehen.

Diese Fragen bleiben. Sie sind auch nicht neu. Niemand kann für sich beanspruchen, die Frage, was Freiheit sei, erstmals gestellt zu haben. Neu sind allerdings stets die Situationen und Kontexte, in denen diese Fragen gestellt werden. Daher müssen sie immer wieder neu gestellt und neu beantwortet werden, ohne dass die jeweilige Antwort abschließend wäre. Das ist das Wesen philosophischen Fragens. Zudem eröffnet der historische Blick mitunter interessante neue systematische Perspektiven, indem er ein-

1 Paul Feyerabend, *Historische Wurzeln moderner Probleme*, Vorlesung an der ETH Zürich 1985, Berlin 2023, S. 21.

gefrorene Deutungsschemata aufbricht und den Leser einlädt, die Frage aus einem anderen Gesichtspunkt zu betrachten.

Das gilt auch für den hier vorgestellten Text, zumal dieser ein philosophisches Problem behandelt, das heute der Philosophie zu entgleiten droht. Andere Wissenschaften reklamieren die Lösung des Problems für sich. Doch – so zeigt unser Text – vor einem vergleichbaren Problem stand auch der Autor dieses Textes, und er reklamiert durch eine klare methodische Unterscheidung die Frage der Möglichkeit einer freien menschlichen Wahl für die Philosophie.

Doch bevor wir uns der Frage selbst und der Argumentation des Thomas von Aquin zuwenden, sollen ein paar Informationen zum Text und seinem Kontext stehen, die zugleich einen Hinweis geben, wie dieser Text gelesen werden will. Das ist vor allem für alle Leserinnen und Leser wichtig, die zum ersten Mal eine *Quaestio* des Thomas von Aquin in Händen halten.

1. Text und Kontext

Der vorliegende Text führt den Leser unmittelbar hinein in eine Debatte, die vor etwa 750 Jahren an der Pariser Universität geführt wurde. Für die Datierung und den Kontext seiner Quaestio *Über die menschliche Wahl* gibt uns Thomas sogar einen klaren Anhaltspunkt. Denn gleich zu Beginn nimmt er mit der Formulierung der Frage direkten Bezug auf den dritten vom Pariser Bischof Étienne Tempier verurteilten Artikel seines 13 Artikel umfassenden Syllabus

vom 10. Dezember 1270.[2] Da unsere Quaestio den Kontext der Verurteilung voraussetzt, muss diese kurz vor oder nach diesem Ereignis datiert werden als Teil einer Sammlung von Quästionen, die – wie zur Zeit des Thomas üblich – nach der ersten Quaestio *De malo* (*Über das Böse*) benannt ist.[3]

Unser Text steht an sechster Stelle und ist eingebettet in Quästionen mit explizit theologischen Fragestellungen über die Sünde (Quaestio 2: *De peccatis*, und Quaestio 3: *De causa peccati*) und über die Erbsünde (Quaestio 4: *De peccato originali*, und Quaestio 5: *De poena originalis peccati*) sowie der Frage nach der Todsünde (Quaestio 7: *De peccato veniali*) und nach den Hauptlastern (Quaestio 8: *De vitiis capitalibus*). Die sechste Quaestio *Über die menschliche Wahl* (*De electione humana*) steht mit ihrem, wie wir sehen werden, streng philosophischen Argumentationsduktus nur vermeintlich an der falschen Stelle, wie bisweilen behauptet wurde. Vielmehr bildet die in Quaestio 6 verhandelte Frage die Voraussetzung für die theologischen Fragen von Schuld und Sünde. Darin ist sich Thomas mit dem Pariser Bischof einig, auch wenn er nicht den Weg des Verbots, sondern den Weg der Disputation beschreitet – wie von einem Universitätslehrer an der Pariser Sorbonne zu erwarten ist.

2 Siehe hier S. 7; cf. *error tertius Parisius condemnatus anno 1270*, *Chartularium Universitatis Parisiensis*, vol. 1, n. 432, hrsg. von Heinrich Denifle und Émile Chatelaine, Paris 1880, S. 487.

3 Jean-Pierre Torrell, *Magister Thomas. Leben und Werk des Thomas von Aquin*, Freiburg i. Br. 1995, S. 17. Zum Kontext von *De malo* S. 215–221.

Thomas an der Pariser Universität

Es ist Thomas' zweiter Aufenthalt in Paris als Inhaber des Dominikanerlehrstuhls an der Theologischen Fakultät. Und es ist eine unruhige Zeit voller intellektueller Kontroversen, die ihren Ausgang nehmen von einem Vorgang, der um die Mitte des 12. Jahrhunderts beginnt und in der Forschung unter dem Stichwort ›Aristotelesrezeption‹ firmiert. Im Kern handelt es sich um die erstmalige vollständige Übersetzung aller aristotelischen Schriften, von denen zuvor nur wenige logische Schriften bekannt waren, aus dem Griechischen in die damalige lingua franca Latein zusammen mit den arabischen Kommentaren, allen voran denen des Averroes.[4]

Mit dem aristotelischen Œuvre begegnet ein bis dahin nicht bekanntes umfassendes paganes Weltbild, das in Konkurrenz zu einer Weltdeutung aus dem Geist eines christlichen Platonismus trat. Insbesondere an den neu gegründeten Universitäten ergab sich die Notwendigkeit einer neuen und umfassenden Selbstverständigung darüber, was Philosophie, aber auch, was Theologie ist. Die christli-

4 Hierzu: Bernard D. Dod, *Aristoteles latinus*, in: Norman Kretzmann / Anthony Kenny / Jan Pinborg (Hrsg.), *The Cambridge History of Later Medieval Philosophy*, Cambridge 1982, S. 45–79; ferner Jozef Brams, *La Riscoperta di Aristotele in Occidente*, Milano 2003; Ludger Honnefelder (Hrsg.), *Albertus Magnus und der Ursprung der Universitätsidee. Die Begegnung der Wissenschaftskulturen im 13. Jahrhundert und die Entdeckung des Konzepts der Bildung durch Wissenschaft*, Berlin 2011. Siehe auch Andreas Speer, *1000 Jahre Philosophie. Ein anderer Blick auf die Philosophie des »Mittelalters«*, Paderborn 2023, S. 33–40.

che Theologie stand vor der Herausforderung, sich als Wissenschaft nach den Prinzipien der aristotelischen Wissenschaftslehre in den Kanon der universitären Wissenschaften einzufügen oder eben der Universität fernzubleiben.

Dies ist eine keineswegs selbstverständliche Entwicklung, wie bereits die Debatten der damaligen Zeit zeigen. Doch insbesondere die jungen Mendikanten- oder Bettelorden, allen voran die Dominikaner mit ihren Leitfiguren Albertus Magnus († 1280) und Thomas von Aquin haben maßgeblich dazu beigetragen, dass die Theologie diese Herausforderung annahm und sich dem Gespräch mit den neuen Wissenschaften stellte.[5]

Wie keine andere Universität wird die Sorbonne zum Zentrum kontroverser Dispute. Zugleich liegt in diesen Debatten an der Universität – einschließlich der Verurteilungen und wechselseitigen Irrtumslisten – ein Ausgangspunkt für den Prozess der Freisetzung der Wissenschaften gegenüber einem umfassenden theologischen Deutungsanspruch, der sich in einigen Streitfeldern etwa zur Psychologie, zur Kosmologie und zur Ethik zeigt und sich institutionell in der Trennung zwischen der philosophischen oder Artistenfakultät und der theologischen Fakultät niederschlägt. Thomas steht für beides: für eine Theologie als Wissenschaft, die jedoch keine Allzuständigkeit beansprucht, sondern den Geltungsbereich anderer Wissen-

5 Marie-Dominique Chenu, *Die Theologie als Wissenschaft im 13. Jahrhundert*, Ostfildern 2008 (Collection Chenu 4, frz.: *La théologie comme science au XIIIe siècle*, Paris ^{3}1957); darin Andreas Speer, *Theologie als Wissenschaft. Vergessenes Erbe und Herausforderung. Hinführung zu Chenus »Theologie als Wissenschaft im 13. Jahrhundert«*, ebd. S. 7–32.

schaften respektiert mitsamt den institutionellen Konsequenzen.

In seiner zweiten Pariser Zeit als *Magister regens* (d. h. als amtierender Professor) verfolgt Thomas viele Projekt gleichzeitig. So steht unsere Quaestio über die menschliche Wahl nicht nur im Kontext von weiteren 15 umfangreichen Quästionen mit bis zu fünfzehn Artikeln, sondern auch im Rahmen einer im Grunde kaum vorstellbar ausgreifenden Produktion von Schriften, die beinahe ausnahmslos ihren Ursprung in der universitären Lehre oder den Debatten an der Sorbonne haben. So fallen in die Pariser Jahre von 1268 bis 1272 neben der Quästionensammlung *De malo* die kontinuierliche Arbeit am zweiten Teil der *Summa theologiae*, der einen systematischen Entwurf einer philosophischen und theologischen Ethik bietet, begleitet von verschiedenen Aristoteleskommentaren, unter anderem zur *Nikomachischen Ethik* und zur *Metaphysik*, ferner akademische Streitschriften zur Einheit des Intellekts und zur Ewigkeit der Welt – zwei der zentralen Dissenzthemen im Zuge der Aristotelesrezeption –, diverse sogenannte *Quodlibets*, die auf aktuelle Fragen Bezug nehmen und ein besonderes Privileg der amtierenden Magister waren, und schließlich auch zwei Bibelkommentare zum Matthäus- und zum Johannesevangelium.[6]

Es sind vor allem zwei Unterrichtsformen, die ihren Niederschlag in spezifischen literarischen Genres finden: die *Lectio* oder Vorlesung, die ihre schriftliche Form im Kommentar findet, und die *Disputatio*, deren literarische Fas-

6 Siehe Jean-Pierre Torrell, *Magister Thomas* (siehe Anm. 3), S. 212–226, 242–247, 342.

sung in der Form der *Quaestio* der mündlichen Debatte folgt und diese abbildet. Mit einem solchen Zeugnis universitärer Streitkultur haben wir es auch bei unserer sechsten Quaestio aus der Quästionensammlung *De malo* zu tun.

Die Form der Disputatio

Werfen wir also einen kurzen Blick auf die Besonderheiten dieser literarischen Gattung, die ihren Ursprung in der öffentlichen Disputation an der Universität hat:

Die zu disputierende Frage wurde durch den Magister, der die Disputation zu leiten hatte, im Voraus festgelegt und greift ein zentrales Problem oder eine allgemein interessierende Frage auf, auf die man sich in der Diskussion eine Antwort oder zumindest einen Erkenntnisfortschritt erhoffte. Unter der Leitung des Magisters wurden von den anwesenden Magistern, aber auch von den Bakkalaren und fortgeschrittenen Studenten, Argumente teils aus der Tradition, teils aus der aktuellen Diskussion vorgebracht. Dadurch entsteht ein mitunter sehr heterogenes Bild. Doch zugleich lösen sich die vorgelegten Fragen von der autoritativen oder kommentierenden Bindung an einen Lehrtext zugunsten einer systematischen Untersuchung der vorgelegten Frage. Dieses Verfahren entsprach dem neuen Wissenschaftsverständnis, das unter dem Einfluss der aristotelischen Logik und Wissenschaftslehre auch zunehmend den Lehrbetrieb bestimmte.

Zur Aufgabe des verantwortlichen Magisters zählte sodann die *Determinatio magistralis,* die Antwort des Lehrers. Nach einer systematischen Darlegung der vorgebrachten Argumente, je nachdem, ob sie die vorgelegte These

stützten oder ihr widersprachen, folgte als Hauptteil eine lehrmäßige Darstellung der vorgelegten Frage, welche die Antwort des Magisters enthielt, und auf dieser Grundlage eine Widerlegung der erhobenen Einwände. In diesem Sinne zu ›determinieren‹ oder eine Antwort zu geben, war anerkanntes Recht und Privileg des Magisters und kam ihm allein zu. Schließlich oblag dem Magister die Pflicht, anhand der Aufzeichnungen, die während der Diskussion gemacht wurden, die endgültige schriftliche Fassung einer *Quaestio disputata* vorzulegen, die mithin kein Verlaufsprotokoll, sondern das vom Magister nach systematischen Gesichtspunkten ausgearbeitete Ergebnis einer Disputation darstellt.[7] Man könnte also die *Quaestio disputata* als eine wissenschaftliche Streitschrift bezeichnen.

Eine solche nach allen Regeln der Kunst ausgearbeitete *Quaestio disputata* haben wir vor uns. Hierbei verzichtet Thomas darauf, seine Quaestio in Artikel, d. h. in Unterfragen, zu untergliedern. Zunächst wird der Gegenstand oder die Frage der Quaestio allgemein angegeben (hier S. 7). Darauf folgen zwei Argumentenreihen, die im konkreten Fall unserer Quaestio unterschiedlich umfangreich ausfallen: Die erste Argumentenreihe (hier S. 7–23) umfasst 24 Argumente, die ersichtlich die Positionen versammeln, mit

7 Siehe hierzu Bernardo Carlos Bazán u.a. (Hrsg.), *Les questions disputées et les questions quodlibétiques dans les facultés de théologie, droit et de médicine*, Turnhout 1985 (Typologie des sources du Moyen Âge occidental, Fasc. 44–45), besonders den ersten Teil von Bernardo Carlos Bazán, »Les questions disputées, principalement dans les facultés de théologie«, S. 15–149; ferner Olga Weijers, *La ›disputatio‹ dans les Facultés des arts au Moyen Âge*, Turnhout 2002, bes. S. 17–74 (Studia Artistarum 10).

denen sich Thomas kritisch auseinandersetzten möchte. Dagegen fallen die drei Gegenargumente (*sed contra*, hier S. 23), die Thomas' folgende Antwort unterstützen, sehr knapp aus und kommen gleichsam autoritativ daher. Auf diese Weise positioniert sich Thomas von Beginn an in dieser Debatte. Das unterstreicht auch die *Responsio* (hier S. 23–41). Diesen wichtigsten Teil einer Quaestio nennt man daher auch das *Corpus articuli*: Er gibt Auskunft über die Lehrmeinung des Magisters und vor allem über seine Argumente und Beweise, auf die er sich stützt. Die *Responsio* endet mit der formellen *Determinatio* (hier S. 39), d. h. der abschließenden kurzgefassten Antwort des Magisters auf die eingangs gestellte Frage. Den Abschluss bilden dann die Erwiderungen (*solutiones*) (hier S. 41–57) auf die einleitend ins Feld geführten Gegenargumente (*opposita*), die der nunmehr ausführlich dargelegten Lehrmeinung widersprechen. Diese Einwände werden nun im Licht der in der *Responsio* dargelegten Lehrmeinung aufgelöst.

Auf diesen Aufbau gilt es zu achten, will man unsere Quaestio in rechter Weise verstehen. Vor allem für diejenigen Leser, die erstmals einer mittelalterlichen Quaestio begegnen, sei daher nochmals betont, dass die eingangs vorgebrachten Argumente und Gegenargumente zwar von Thomas, oftmals unter wörtlicher Bezugnahme auf eine philosophische oder theologische Autorität, formuliert und systematisch angeordnet worden sind, dennoch aber nicht ohne weiteres mit seiner eigenen Lehrmeinung gleichgesetzt werden können. Diese findet sich in der *Responsio*, bzw. dem *Corpus articuli*. Aber auch die Erwiderungen auf die eingangs vorgebrachten Einwände (*opposita*) dürfen nicht übergangen werden. Sie enthalten oftmals

wichtige Ergänzungen und Ausfaltungen der in der *Responsio* vorgetragenen Lehre oder machen deutlich, wo die gegebene Antwort ihre Grenzen hat.

Doch nun zur Frage der sechsten *Quaestio disputata De malo*, die mit einem Puzzle beginnt.

2. Die Frage – das Puzzle

Hat der Mensch hinsichtlich seiner Handlungen eine freie Wahl oder wählt er notwendigerweise? Diese Frage scheint einen Widerspruch zu implizieren: Die Formulierung »notwendigerweise wählen« klingt ähnlich widersprüchlich wie quadratischer Kreis oder viereckiges Dreieck. Das Gleiche gilt für die Formulierung »determinierte Freiheit« im Titel des Nachworts. Wenn wir von einer determinierten Freiheit sprechen oder wenn der Mensch notwendigerweise wählt: Wird dann nicht das, was wir für freiwillig halten, in sein Gegenteil verkehrt und der Begriff des Willens in Frage gestellt?

Dieses Puzzle steht auch im Mittelpunkt der gegenwärtigen Debatten über den freien Willen, die sowohl Philosophen als auch vornehmlich behavioristisch inspirierte Psychologen, Neurowissenschaftler und Anthropologen sowie Verhaltensökonomen beschäftigten. Diese Debatten weisen nicht selten eine starke scholastische Ausprägung auf. Sie sind durch Antagonismen wie libertär oder deterministisch, kompatibilistisch oder inkompatibilistisch gekennzeichnet, wobei die Bedeutungen mitunter variieren. Darüber hinaus ist die Bedeutung des Begriffes Freiheit mehrdeutig: Einige sprechen von der Freiheit des Willens,

andere von der Freiheit des Handelns und wieder andere von der Freiheit, anders handeln bzw. etwas anderes tun zu können, usw.

Diese zeitgenössischen Debatten erinnern an die Debatte, die im letzten Drittel des 13. Jahrhunderts in Paris stattfand, bevor und nachdem der Pariser Bischof Étienne Tempier am 10. Dezember 1270 sein erstes Lehrschreiben über 13 Sätze der Pariser Magister der Artistenfakultät – vergleichbar der späteren Philosophischen Fakultät – verfasst hatte.[8] Unser Zugang zu dieser Debatte ist die sechste Quaestio der *Quaestiones disputatae De malo* des Thomas von Aquin, der damals wie gesagt zum zweiten Mal *Magister regens* der Dominikaner an der Universität von Paris war. Tatsächlich spiegelt der Wortlaut der eingangs gestellten Frage, nämlich »*utrum homo habeat liberam electionem suorum actuum aut ex necessitate eligat*« (»Hat der Mensch eine freie Wahl bei seinen Handlungen oder wählt er notwendigerweise?«) wörtlich den dritten Irrtum des bischöflichen Syllabus »*quod voluntas hominis ex necessitate vult et*

8 Heinrich Denifle / Émile Chatelaine, *Chartularium Universitatis Parisiensis* I, n. 432, Paris 1889, S. 486 f. Hierzu Fernand van Steenberghen, *La philosophie au XIII*[e] *siècle,* Louvain/Paris [2]1991, S. 411–414 (Philosophes Médiévaux, XXVIII); Alain de Libera, »Philosophie et censure. Remarques sur la crise universitaire parisienne de 1270–1277«, in: Jan A. Aertsen / Andreas Speer (Hrsg.), *Was ist Philosophie im Mittelalter?*, Berlin / New York 1998, S. 71–89 (Miscellanea Mediaevalia 26); Markus Hille, *Die Pariser Verurteilung vom 10. Dezember 1270 im Spannungsfeld von Universitätsgeschichte, Theologie und Philosophie*, Erfurt 2005 (Erfurter Theologische Studien 87).

eligit« (»Der Wille des Menschen will und wählt aus Notwendigkeit«) wider.[9]

Diese Quaestio über die menschliche Wahl gehört zu den meistbehandelten Quästionen des Thomas von Aquin. Dafür gibt es viele Gründe. In der Tat gibt die *Quaestio unica* einen sehr dichten Einblick in die Pariser Debatten über die Rolle der freien Wahl und der moralischen Verantwortung gegenüber der Notwendigkeit des Schicksals oder dem Determinismus der Vorsehung. Diese Debatte wurde zu einem großen Teil durch die Aristoteleslektüre des ›Kommentators‹, d. h. des Averroes, und deren Interpretation durch die Artes-Magister ausgelöst. Zumindest war dies die Meinung von Kirchenvertretern wie Bischof Tempier. Auch Thomas fühlte sich dafür verantwortlich, Aristoteles gegen tatsächliche oder vermeintliche Fehlinterpretationen zu verteidigen. In der sechsten Quaestio aus *De malo* scheint er eine endgültige und zusammenfassende Antwort auf die strittigen Fragen in Form eines magistralen Arguments geben zu wollen, das er in einer einzigen Quaestio zuammenfasst, ohne diese in Artikel oder Unterfragen zu untergliedern.

Es war jedoch nicht das erste Mal, dass Thomas diese Frage behandelt hat. So beschäftigt sich Thomas in Artikel 5 und 6 der Quaestio 22 seiner früheren Quästionensammlung *Über die Wahrheit* (*De veritate*) mit der Frage nach der Notwendigkeit des Willens.[10] Hier finden wir bereits wesentliche Teile seines späteren Hauptarguments und eine

9 Siehe hier S. 22,21–23; vgl. *error tertius Parisius condemnatus anno 1270*, CUP I, hrsg. von Heinrich Denifle und Émile Chatelaine, n. 432.

10 *Quaestiones disputatae de veritate* (= *De veritate*) q. 22, aa. 5 und 6, S. 621–629 (Ed. Leonina XXII).

ähnliche Argumentationsstrategie. Das Gleiche gilt für Artikel 6 der Quaestio 13 der *Prima secundae* der *Summa theologiae*, die zeitgleich mit der *Quaestio disputata* über die menschliche Wahl verfasst wurde. Damit bildet die *Summa theologiae* den engeren Kontext für Thomas' Argumentation in *De malo* 6.[11] Darüber hinaus gibt es im Vergleich zu den früheren *Quaestiones disputatae De veritate* und der früheren *Summa contra gentiles* keine Anzeichen für eine substanzielle Verschiebung der Lehrposition des Thomas, wie sie zum ersten Mal von Dom Odo Lottin im Jahr 1929 dargelegt wurde, gefolgt z. B. von Bernard Lonergan, Klaus Riesenhuber, Otto Hermann Pesch und anderen. Insbesondere gibt es keine Anzeichen für eine *Retractatio*, d. h. eine Zurücknahme einer angenommenen früheren Position, die im Lichte des oben erwähnten Syllabus von 1270 als eine Art intellektualistischer Willensdeterminismus missverstanden werden konnte.[12]

11 Siehe vor allem *Summa theologiae* (= S.th.) I, q. 19 und qq. 82 f.; S.th. I–II, qq. 8–10 und qq. 13–14.

12 Dom Odo Lottin, *Psychologie et morale au XIIe et XIIIe siècle*, vol. 1, Gembloux ²1957, S. 231 f. und S. 253–262; ders., »La date de la question disputée *De malo* de Saint Thomas d'Aquin«, in: *Revue d'histoire ecclésiastique* 24 (1928), S. 373–388; ders., »La preuve de la liberté chez S. Thomas d'Aquin«, in: *Recherches de théologie ancienne et médiévale* 23 (1956), S. 323–330; Bernard Lonergan, *Grace and Freedom*, London [u. a.] 1971; Klaus Riesenhuber, *Die Transzendenz der Freiheit zum Guten*, München 1971; Otto Hermann Pesch, »Philosophie und Theologie der Freiheit bei Thomas von Aquin in der Quaest. disp. 6 De malo«, in: *Münchner Theologische Zeitschrift* 13 (1962), S. 1–25; desweiteren Yul Kim, *Selbstbewegung des Willens bei Thomas von Aquin*, Berlin 2007, S. 183–191 (Veröffentlichungen des Grabmann-Instituts, 51).

Thomas präsentiert das Problem seiner *Quaestio unica* ähnlich wie bei seinen früheren Abhandlungen in Form einer klaren Alternative: »Haben die Menschen eine freie Wahl bei ihren Handlungen oder wählen sie notwendigerweise?«[13] Diese Formulierung impliziert denselben schwerwiegenden Widerspruch, auf den ich bereits unter Hinweis auf die zeitgenössischen Debatten hingewiesen habe. Wenn wir diese Debatte und insbesondere ihre Unzulänglichkeiten und unauflöslichen Widersprüche bzw. Aporien in Betracht ziehen, können wir dann von den früheren Debatten und insbesondere von Thomas von Aquin etwas lernen? Oder können wir Thomas besser verstehen, wenn wir die zeitgenössische Debatte mit einbeziehen? Dies ist unter anderen der Ansatz von Eleonore Stump in ihrem Buch über Thomas von Aquin, in dem sie versucht, sich seinem Denken von den gegenwärtigen philosophischen Debatten her zu nähern und Thomas zu einem philosophischen Partner in dieser Diskussion zu machen. Gemäß dem Namen der Buchreihe *Arguments of the Philosophers* versucht sie, Thomas' Antwort auf das Problem innerhalb der erwähnten antagonistischen Schemata zu positionieren, durch die eine philosophische Debatte – so möchte man in Anlehnung an Poppers Problemanzeige sagen – allererst zu einem wissenschaftlichen Problem modelliert wird.[14]

13 Siehe hier S. 6,3–5.

14 Eleonore Stump, *Aquinas*, London / New York [2]2005, S. 277–306 (The Arguments of the Philosophers). Siehe hierzu auch Karl Popper, *Logik der Forschung*, Vorwort zur deutschen Erstausgabe 1934, XVII. In seinem Vorwort verweist Popper auf die besondere Problemsituation der Philosophie, die weder über ein wissenschaftliches Lehrgebäude noch über eine allgemein anerkannte

Dass die Debatte zur Zeit des Thomas jedoch viel komplexer ist, zeigt schon ein erster Blick auf die 24 Gegenargumente am Anfang der Quaestio.[15] Sie weisen eine große Vielfalt an philosophischen und theologischen Hintergründen und Traditionen auf: die Bibel und die *Glossa ordinaria* (der meistbenutzte Bibelkommentar zur Vulgata), Augustinus und Dionysius Areopagita, Avicenna und Aristoteles. Sucht man nach einer thematischen Ordnung, so stößt man auf Argumente zur Natur des Willens, zur Möglichkeit der Wahl und zur Struktur der Entscheidungsfindung, zu einem letzten Ziel des Menschen und zu den Konsequenzen, die sich aus einer solchen Annahme ergeben, sowie auf Argumente zu äußerer Verursachung und Zwang.

Sechs Hauptfragen

Die Argumente lassen sich in sechs Hauptfragen zusammenfassen:

1. Inwieweit bestimmt die Wahl eines Ziels die Wahl der Mittel?
2. Inwieweit ermöglicht die Annahme eines Endziels eine freie Wahl? Und gilt das nur in Bezug auf das Endziel oder auch in Hinblick auf andere Ziele?
3. Schließt ein absoluter (göttlicher) Wille die freie Wahl im Einzelfall aus?

Problemsituation verfügt, an die man ohne weiteres anknüpfen kann. Vielmehr sieht sich die Philosophie vor die Frage gestellt, ob sie es überhaupt mit echten Problemen zu tun habe.

15 Siehe hier S. 7–23.

4. Kann die freie Wahl auf eine natürliche Notwendigkeit reduziert werden? Wenn ja, teilweise oder vollständig?
5. Schließt der Nicht-Widerspruch im Akt der Wahl die Notwendigkeit der Wahl ein?
6. In welcher Weise hängen Vernunft und Wille voneinander ab? Ergibt sich aus dieser Abhängigkeit ein Vorrang des Willens vor der Vernunft oder umgekehrt?

Unter diesen Argumenten ist die Frage, wie die menschliche Entscheidung mit dem Willen Gottes zusammenhängt, von besonderer Bedeutung. Dies gilt insbesondere für die Frage nach dem letzten Ziel. Wenn – so lautet das achte Argument – für den Willen eine Notwendigkeit in Bezug auf das Letztziel besteht, da der Mensch notwendigerweise will, dass er glücklich ist: Wie kann es dann sein, dass der Wille nicht notwendigerweise auch auf die Mittel gerichtet ist?[16] Wenn aber – um mit dem nächsten Argument fortzufahren – die Ursache der Bewegung und das bewegliche Ding dasselbe sind: Muss es dann nicht auch dieselbe Art von Bewegung geben, in dem Sinne, dass man, so wie man notwendigerweise das Letztziel will, notwendigerweise auch die Mittel will?[17] Und wenn Gott das Endziel des gesamten menschlichen Wollens ist und dies der Wille Gottes ist, dann kann der menschliche Wille – so das fünfte Argument mit Bezug auf das *Enchiridion* des Augustinus – nicht den Willen Gottes verfehlen; denn entweder tun die Men-

16 Siehe hier S. 10,16–23. Siehe Aristoteles, *De anima* III, 10 (433b11–12) und *Metaphysik* XII, 7 (1072a26).

17 Siehe hier S. 10,24–12,6. – Vgl. *error nonus Parisius condemnatus anno 1270*, CUP I, hrsg. von Heinrich Denifle und Émile Chatelaine, n. 432.

schen, was Gott will, oder Gott erfüllt seinen Willen an ihnen. Daher müssen alle menschlichen Entscheidungen als Ergebnis einer unvermeidlichen Wahl betrachtet werden.[18] Dasselbe gilt, wenn man die Wahl als von einem inneren Antrieb (*interior instinctus*) abhängig betrachtet, nämlich von Gott selbst, insofern er den Willen des Menschen auf unbewegliche Weise bewegt, so wie das Strebevermögen (*appetitus*) des Tieres durch äußere Ursachen bewegt wird, nämlich durch die Kraft eines Himmelskörpers oder durch die Wirkung einer anderen materiellen Substanz. Wenn Gott den Willen der Menschen auf unbewegliche Weise bewegt, haben sie keine freie Wahl hinsichtlich ihrer Handlungen (*liberam electionem suorum actuum*).[19]

Diese Fragen müssen als stärkste mögliche Argumente für eine vollständig determinierte Welt angesehen werden. Sie betrachtet Thomas in seiner Antwort als Prüfstein für sein Argument gegen den Determinismus zur Verteidigung der freien Wahl.

3. Die Strategie

Die große Bandbreite der vorgetragenen Gegenargumente entspricht dem Umstand, dass Thomas seine Quaestio *Über die menschliche Wahl* als eine einzige Quaestio (*quaestio unica*) gestaltet, obwohl er den Themen- und Problemkomplex ohne weiteres in viele Unterfragen in

18 Siehe hier S. 8,14–19. – Siehe Augustinus, *Enchiridion*, c. 100 (PL 40, 279; CCL 46, 103).

19 Siehe hier S. 6,20–8,8. – Siehe Aristoteles, *Eudemische Ethik* VII, 14 (1248a17–32).

Form von Artikeln hätte untergliedern können, wie er es schon bei anderen Gelegenheiten getan hat, etwa in seiner Quästionensammlung *De veritate*.[20]

Offenkundig verfolgt Thomas in dieser *Quaestio unica* eine besondere Strategie. Seine Absicht wird in den einleitenden methodologischen Überlegungen seiner Antwort deutlich, in denen er versucht, den Schwerpunkt seines Hauptarguments zu definieren. Zunächst unterscheidet er zwischen Notwendigkeit und Zwang, denn nicht jede Form der Notwendigkeit ist erzwungen. Das Erzwungene jedoch steht ebenso im Gegensatz zum Natürlichen wie zum Freiwilligen, da die Quelle des Natürlichen wie des Freiwilligen innerlich, während die Quelle des Erzwungenen äußerlich ist.[21] Auch die Meinung, dass der menschliche Wille notwendigerweise, nämlich durch innere Ursachen zur Wahl bewegt wird, lehnt Thomas als häretisch ab, denn sie hebt mit Bezug auf die menschlichen Handlungen den Grund für Verdienst und Strafe auf: die Verantwortlichkeit für die getroffene Wahl und die Zuschreibung der Verantwortlichkeit. Das betrifft auch die in den Quästionen 2–5 und 7–8 behandelten theologischen Fragen von Sünde und Laster, die ohne die Möglichkeit der Wahl überflüssig würden. Doch diese Meinung, so Thomas in unserer

20 Siehe zum Beispiel *De veritate*, q. 22 and q. 24; S.th. I, q. 83 und S.th. I–II, q. 13.

21 Siehe hier S. 22,23–24,4. – Vgl. *De veritate*, q. 22, a. 5 c, p. 623.147–152 (Ed. Leonina XXII): »Dicendum, quod sicut potest accipi ex verbis Augustini, V de Civitate Dei [cap. X], duplex est necessitas: necessitas scilicet coactionis, et haec in volentem nullo modo cadere potest, et necessitas naturalis inclinationis ...«. – Siehe auch die subtile Analyse von *necessitas* in S.th. I, q. 82, a. 1.

Quaestio, ist auch der Philosophie fremd, weil sie nicht nur dem Glauben widerspricht, sondern auch alle Prinzipien der Moralphilosophie untergräbt und letztlich zunichtemacht.[22]

> Denn wenn es nicht irgendetwas Freies in uns gäbe, sondern wir aus Notwendigkeit zum Wollen bewegt werden, werden Überlegung, Ermahnung, Gebot und Strafe, Lob und Tadel, worin sämtlich die Moralphilosophie besteht, aufgehoben.[23]

Außerdem zerstören diese (philosophie-)fremden Positionen (*opiniones extraneae*) die Prinzipien auch aller anderen Gebiete der Philosophie, so wie zum Beispiel die Annahme, dass sich nichts bewegt, die Grundlagen der Naturwissenschaft zerstören würde. Thomas sieht darin einen Akt der intellektuellen Dreistigkeit (*protervia*), zu der sich manche verleiten lassen, die – in Anlehnung an Aristoteles' Metaphysik IV, 5 – in ihren eigenen sophistischen Argumenten, die sie nicht zu lösen vermögen, gefangen sind.[24]

Gegenüber diesen Auffassungen, die in mancherlei Hinsicht Parallelen zu populären Positionen aktueller Debatten aufweisen, verfolgt Thomas eine klare Strategie: Er versucht, genau das Moment im menschlichen Handeln herauszufinden, das sich nicht auf eine naturalistische Erklärung reduzieren lässt, sondern eine eigenständige intentionale Kausalität begründet, die sich grundsätzlich von der

22 Siehe hier S. 24,5–11.

23 Siehe hier S. 24,11–14.

24 Siehe hier S. 24,11–21. – Siehe Aristoteles, *Metaphysik* IV,5 (1009a19–22).

physikalischen Kausalität unterscheidet, so dass es eines anderen methodischen Zugangs bedarf, der zu einer eigenen philosophischen Disziplin führt: zur Moralphilosophie, deren eigentümlicher Gegenstand (*proprium subiectum*) die *actus humani*, d. h. die eigentümlich menschlichen Handlungen sind, die zum Menschen gehören, insofern er Mensch ist, im Gegensatz zu den *actus hominis*, den Handlungen eines Menschen, die keine im eigentümlichen Sinn menschlichen Handlungen sind, da sie nicht zum Menschen gehören, insofern er Mensch ist.[25] Thomas denkt hier an unbedachte oder instinktive Tätigkeiten und an organisch-physiologische Vorgänge, die der Mensch durchaus mit anderen Lebewesen teilt.

Die drei *sed contra*-Argumente nennen drei Bedingungen für die freie Wahl. Diese ist

(I) ein im Vorhinein überlegtes Streben (*appetitus preconsiliatus*), das
(II) auf einer Disposition des Willens zu Entgegengesetztem beruht, die sich der Tatsache verdankt, dass der Wille ein vernünftiges Vermögen ist (*potentia rationalis*), und
(III) den Menschen zum Herrn seiner Handlungen (*dominus sui actus*) macht und ihm die Fähigkeit gibt, zu handeln oder nicht zu handeln.

25 Zu dieser grundlegenden Unterscheidung siehe S.th. I–II, q. 1, a. 1 c; hierzu Andreas Speer, »Das Glück des Menschen (S.th. I–II, qq. 1–5)«, in: ders. (Hrsg.), *Thomas von Aquin. Die Summa theologiae – Werkinterpretationen*, Berlin / New York 2005, S. 141–167, bes. S. 150–155.

Diese drei Argumente fungieren gleichsam als Axiome, die bewiesen und erklärt werden müssen.[26] Das geschieht in der folgenden *Responsio*.

4. Das Argument

Wir können Thomas' Hauptargument in vier Schritte unterteilen, bevor er seine *Determinatio magistralis*, die Antwort des disputierenden Magisters gibt. Der erste Schritt betrifft das Prinzip und die Quelle der eigentümlichen menschlichen Handlungen. Dann führt Thomas in einem zweiten Schritt eine grundlegende Unterscheidung in der Ausführung der Handlung in Bezug auf die Vermögen ein, die auf zwei Arten bewegt werden: erstens in Bezug auf das Subjekt und zweitens in Hinblick auf das Objekt. Diese Unterscheidung wendet er in einem dritten Schritt auf die Bewegung des Willens bei der Ausführung der Handlung an und in einem vierten und letzten Schritt auf das Objekt, das die Willenshandlung bestimmt. Die Leitfragen dieser vier Teile können wie folgt formuliert werden:

(1) Was ist das Prinzip des menschlichen Handelns?
(2) Wie wird eine Handlung hervorgebracht?
(3) Bewegt sich der Wille selbst oder wird der Wille notwendigerweise bewegt?
(4) Inwieweit bestimmt der Gegenstand den Willensakt?

26 Siehe hier S. 23.

(1) *Was ist das Prinzip des menschlichen Handelns?*

In einem ersten Schritt sucht Thomas nach dem entscheidenden Bestimmungskriterium der eigentümlichen menschlichen Handlungen. Dieses muss ein aktives oder bewegendes Prinzip (*activum sive motivum principium*) sein. Nach dem dritten Buch von Aristoteles' *De anima* sind diese Prinzipien der Intellekt und der Wille.[27] Der Ausgangspunkt ist jedoch die strukturelle Parallelität zwischen Neigung (*inclinatio*), Streben (*appetitus*) und Handlung (*actio*) in den natürlichen Dingen und im Menschen.

> Das trifft in der Tat zu, weil man so, wie sich in den natürlichen Dingen eine Form findet, die das Prinzip der Tätigkeit ist, und eine Neigung, die sich aus der Form ergibt und die man natürliche Strebung nennt, woraus die Tätigkeit folgt, auch im Menschen eine Verstandesform (*forma intellectiva*) und eine aus einer erfassten Form (*forma apprehensa*) folgende Neigung des Willens findet, woraus die äußere Tätigkeit folgt.[28]

Dennoch führt genau diese strukturelle Parallelität zu einem grundlegenden Unterschied: Während die Form eines natürlichen Dings eine durch die Materie vereinzelte Form ist und daher die aus der Form resultierenden Neigungen auf ein einzelnes Ding hin bestimmt sind (*determinata ad unum*), ist die verstandene Form (*forma intellecta*) allge-

27 Siehe hier S. 24,22–26,6. – Siehe Aristoteles, *De anima* III,10 (433a13–18).

28 Siehe hier S. 26,4–9. – Vgl. S.th. I–II, q. 8, a. 1, c.

mein und schließt viele Einzeldinge ein (*sub qua multa possunt comprehendi*). Auf diese Weise entsteht eine fundamentale Asymmetrie zwischen den Tätigkeiten in Bezug auf einzelne Dinge, denn keines von ihnen kommt der Potentialität des Allgemeinen oder Universellen gleich. Die Neigung des Willens bleibt also unbestimmt auf viele Dinge gerichtet.[29] Man kann von einem Phänomen der Emergenz sprechen,[30] insofern das artbildende Merkmal, nämlich das Verstehen, zu einer höheren Ebene, nämlich dem vernünftigen und damit willentlichen Streben (*inclinatio voluntatis*) führt. Diese höhere Ebene lässt sich aber nicht aus der niedrigeren Ebene, nämlich der natürlichen Strebung (*appetitus naturalis*) ableiten, übt jedoch auf diese einen starken Einfluss aus, sofern sie das natürliche Streben in ein willentliches Streben transformiert. Die Merkmale der höheren Ebene des willentlichen Strebens lassen sich also nicht auf die niedrigere Ebene des natürlichen Strebens reduzieren. Vielmehr wird die Eigenart des menschlichen Intellekts, den Thomas als diskursives, an Abstraktion gebundenes Denken beschreibt, zum entscheidenden Bestimmungsmerkmal.

Damit bleibt diese Asymmetrie zwischen der *inclinatio ad unum* jedes einzelnen Aktes und der intellektuellen Repräsentation seines Gegenstandes bestehen, der von Natur

29 Siehe hier S. 26,9–16. – Vgl. S.th. I–II, q. 10, a. 4, c.

30 Unter Emergenz verstehe ich das Auftreten von Merkmalen auf höheren Organisationsebenen, die nicht aufgrund des Zusammenspiels bekannter Komponenten niedrigerer Ebenen hätten vorhergesagt werden können, umgekehrt aber kausal auf die Ausgangsbedingungen zurückwirken. Hierbei kommt es Thomas von Aquin vor allem auf die Eigenschaft der Irreduzibilität an.

aus universell und daher unbestimmt auf vieles, nicht nur auf eines, ausgerichtet ist. Man kann von einem konstitutiven Gegensatz sprechen.

Andererseits sind die praktische Vernunft und die Wahl auf ein einziges Objekt ausgerichtet, für das man sich entscheiden oder das man wählen muss. Die Frage »Was soll ich tun?« bezieht sich auf die konkrete Handlung in genau diesem Moment. Thomas gibt das Beispiel eines Architekten, der sich die Form eines Hauses im Allgemeinen vorstellt, worunter verschiedene Formen eines Hauses fallen. Sein Wille kann dann geneigt sein, ein quadratisches Haus ebenso zu bauen wie ein rundes oder ein Haus von einer anderen Form.[31] Diese epistemische Asymmetrie und Unbestimmtheit ist irreduzibel und bildet einen grundlegenden Unterschied zwischen der natürlichen Neigung (*inclinatio naturalis*), die immer auf eines hin bestimmt wird, und der rationalen oder willentlichen Neigung (*inclinatio rationalis sive voluntatis*), die aufgrund der Universalität des Verstandes sich immer unbestimmt auf vieles bezieht (*indeterminate se habens ad multa*).[32] Denn unter einem Begriff kann ich mir stets mehr als nur ein Bestimmtes vorstellen. Die Vernunft denkt abstrakt, das zeichnet sie aus.[33]

In diesem ersten Schritt ist Thomas' Strategie offensichtlich. Sein Ziel ist es, ein irreduzibles Kriterium für die

31 Siehe hier S. 26,16–19.

32 Siehe hier S. 26,15 f.

33 Siehe hierzu exemplarisch S.th. I, q. 84–85; hierzu Wouter Goris, *Anthropologie und Erkenntnislehre* (S.th. I, qq. 75–79 und 84–89), in Andreas Speer (Hrsg.), *Thomas von Aquin: Die »Summa theologiae« – Werkinterpretationen*, Berlin / New York 2005, S. 125–140.

freie Wahl zu bestimmen. Diese irreduzible spezifische Differenz, die aus der appetitiven Grundstruktur des Handelns im allgemeinsten Sinne hervorgeht und als spezifizierendes Prinzip des eigentümlichen menschlichen Aktes dient, ist die Unbestimmtheit des Willens als vernünftiges Streben (*appetitus rationalis*) oder als von Überlegung begleiteter Wille (*voluntas deliberata*). Diese Unbestimmtheit lässt sich nicht weiter auf irgendeine Art von natürlicher oder physikalischer Kausalität zurückführen, um das Singuläre jenseits der Grenzen der Universalität zu fassen. Hierzu bedarf es, wie wir im Folgenden sehen werden, eines besonderen Aktes. Dieser entspringt aber nicht der Stärke des Willens und seiner Willenskraft, sondern vielmehr einer Schwäche, die von der Unfähigkeit des Intellekts herrührt, das Einzelne zu begreifen. Es ist diese irreduzible Unbestimmtheit, die einen Akt der Wahl erfordert.

(2) Wie wird eine Handlung hervorgebracht?

Die Möglichkeit der freien Wahl, die sich aus der Unbestimmtheit ergibt, macht jedoch nur einen Aspekt des menschlichen Handelns aus.

Doch wie kommt eine Handlung überhaupt zustande? In einem zweiten Schritt führt Thomas eine weitere grundlegende Unterscheidung ein, von der er bereits in Frage 22 von *De veritate* Gebrauch gemacht hatte. Ein Vermögen kann auf zweifache Weise bewegt werden: in Bezug auf das Subjekt und in Hinblick auf das Objekt. Ersteres betrifft *ex parte subiecti* – aus der Sicht des Handelnden – die Ausführung der Handlung (*exercitium actus*), letzteres *ex parte*

obiecti die Artbestimmung der Handlung (*specificatio* oder *determinatio actus*).[34] Während die Artbestimmung der Handlungen bei natürlichen Dingen von der Form des Dings kommt (*specificatio quidem actus est ex forma*), geht die Ausführung der Handlungen vom Tätigen selbst aus, das die Bewegung verursacht (*exercitium actus est ab agente quod causat ipsam motionem*).[35] Und da das, was sich bewegt (*movens*), um eines Zieles willen handelt, kommt das erste Prinzip der Bewegung, sofern es die Ausführung der Handlung betrifft, vom Ziel (*ex fine*).[36]

Diese formale Bemerkung ist insofern wichtig, als sie eine Verlagerung von der Wirkursache und damit von der effizienten Kausalität hin zur Zielursache und somit zur finalen Kausalität bedeutet.[37] Der Wille wird weniger als unabhängige Wirkursache für das Handeln gesehen, sondern vielmehr aus der miteinander verflochtenen Finalursache des Intellekts und des Willens in Hinblick auf das Wahre und Gute begriffen.

Wenn wir die Bewegung der Seelenvermögen aus der Sicht des Objekts, das die Handlung bestimmt, betrachten (*ex parte obiecti specificantis*), dann kommt das erste Prinzip der Bewegung vom Intellekt her; denn auf diese Weise bewegt das erkannte Gute (*bonum intellectum*) den Willen. Betrachten wir aber die Bewegung der Seelenvermögen von der Ausführung der Handlung her, so geht das

34 Siehe hier S. 28,4–13. – Vgl. *De veritate*, q. 22, a. 6, c, S. 627 f. (Ed. Leonina XXII).
35 Siehe hier S. 28,14–16.
36 Siehe hier S. 28,16–19.
37 Siehe hier S. 63 f. (zu S. 29,15–31,2).

Prinzip der Bewegung vom Willen aus.[38] Denn, so Thomas, stets bewegt das Vermögen, auf das sich das hauptsächlichste Ziel bezieht, das Vermögen zum Akt, auf das sich das Mittel bezieht – so wie ein Reiter den Zaumzeugmacher veranlasst, Zaumzeug herzustellen.[39] Deshalb stellt Thomas fest:

> Um also zu zeigen, dass der Wille nicht aus Notwendigkeit bewegt wird, ist es notwendig, die Bewegung des Willens sowohl im Hinblick auf die Ausführung der Handlung als auch im Hinblick auf die Bestimmung der Handlung, die vom Gegenstand (Objekt) herrührt, zu betrachten.[40]

An diesem Punkt können wir eine Wende in der Argumentation feststellen: Thomas verteidigt sein Argument nun gegen zwei gewichtige Einwände: zum einen bezüglich der Ausführung der Handlung (*exercitium actus*), zum anderen hinsichtlich des Objekts (*ex parte obiecti*).

(3) Bewegt sich der Wille selbst oder wird der Wille notwendigerweise bewegt?

Die erste Beweisführung hinsichtlich der Ausführung der Handlung geht von der Evidenz aus, dass der Wille sich selbst so bewegt, wie er auch andere Vermögen und Habitus bewegt, die wir benutzen, weil wir sie benutzen wol-

38 Siehe hier S. 30,6–11.
39 Siehe hier S. 30,11–14. Thomas bleibt hier beim traditionellen Beispiel des Soldaten.
40 Siehe hier S. 30,20–23.

len. Hier bezieht sich Thomas ausdrücklich auf die Definition des Habitus im dritten Buch des Großen Kommentars zu *De anima* des Averroes.[41]

Das bedeutet aber nicht, dass der Wille in gleicher Weise in Möglichkeit und in Wirklichkeit ist. Das Gegenteil ist der Fall. Da sich der Mensch auf der Suche nach Wissen mit Hilfe seines Verstandes im Prozess der Entdeckung vom Bekannten zum Unbekannten bewegt, so bewegt er, indem er tatsächlich etwas will, sich selbst dazu, etwas anderes tatsächlich zu wollen.

Es ist kein Zufall, dass Thomas nicht vom Verstand oder vom Willen als solchem spricht, sondern von Verstand und Willen als menschlichen Fähigkeiten in Verbindung mit den eigentümlichen menschlichen Handlungen. Die Frage lautet nicht: »Will der Wille selbst, dass er will?«, sondern »Was bedeutet es, dass ein Mensch tatsächlich etwas will?« (*quod homo aliquid vult in actu*), z. B. Gesundheit. Indem der Mensch die Gesundheit will, bewegt er sich selbst dazu, die Einnahme eines Medikaments zu wollen, da er – weil er die Gesundheit will – beginnt, darüber zu beratschlagen, was der Gesundheit förderlich sein könnte, und schließlich nach Abschluss der Beratung die Einnahme des Medikaments will.[42] Unter Beratschlagung oder Überlegung (*consilium*) versteht Thomas eine Untersuchung, die »keine beweisende Untersuchung ist, sondern einen Weg zum Entgegengesetzten enthält«. Folglich bewegt sich der Wille nicht notwendigerweise.[43] Beratschlagung und Wille sind insofern

41 Siehe hier S. 30,14–19.
42 Siehe hier S. 32,1–3.
43 Siehe hier S. 32,13–16.

miteinander verwoben, als der Beratschlagung eine Willensbewegung vorausgeht und die Überlegung wiederum dem Willensakt.[44] Die Beratschlagung wird – wie Thomas im ersten Teil der *Summa theologiae* erklärt – erstens durch die Entscheidung der Vernunft (*per sententiam rationis*) und zweitens durch die Zustimmung des Strebevermögens (*per acceptationem appetitus*) bestimmt. Denn, so Thomas unter Berufung auf das dritte Buch der *Nikomachischen Ethik*, »wenn wir auf der Grundlage von Überlegungen geurteilt haben, dann begehren wir etwas entsprechend unserer Überlegung«. In diesem Sinne ist der Akt der Wahl (*electio*) selbst eine Art von Urteil; davon sei, so Thomas, der Begriff »*liberum arbitrium*«, d. h. freie Entscheidung, abgeleitet.[45]

Hier stellt sich jedoch ein Problem: Es kann keine unendliche Überlegung geben, denn dies würde in einen unendlichen Regress führen. Daher müssen wir annehmen, dass der Wille eines jeden Menschen, da er nicht immer tatsächlich will, bei seiner ersten Bewegung von etwas Äußerem bewegt wird und durch diesen Anreiz (*instinctus*) zu wollen beginnt.[46]

Aber ist eine solche Lösung mit der Behauptung eines frei wollenden Willens vereinbar? Wir sollten uns daran

44 Siehe hier S. 32,16–20. – Hinsichtlich der detaillierten Analyse von *consilium* siehe S.th. I–II, q. 14 *De consilio*.

45 S.th. I, q. 83 a. 3 ad 2: »Ad secundum dicendum quod iudicium est quasi conclusio et determinatio consilii. Determinatur autem consilium, primo quidem per sententiam rationis, et secundo per acceptationem appetitus, unde philosophus dicit, in III Ethic., quod *ex consiliari iudicantes desideramus secundum consilium*. Et hoc modo ipsa electio dicitur quoddam iudicium, a quo nominatur liberum arbitrium.«

46 Siehe hier S. 32,20–24.

erinnern, dass Thomas gleich zu Beginn seines Arguments das Bewegt-Werden durch ein äußeres Prinzip als Zwang bezeichnet hat und Zwang als unvereinbar mit der freien Wahl nannte.[47]

Während Thomas nun in der Lage war, die Unbestimmtheit als grundlegende und irreduzible Basis für freies Handeln und die Beratschlagung als angemessene Art der Entscheidungsfindung zu verteidigen, die offen für entgegengesetzte Lösungen ist – wobei beide Lösungen auf einem spezifischen Verständnis der Finalursächlichkeit beruhen –, verursacht dieselbe Lösung, kraft der ein unendlicher Regress vermieden werden soll (der das gesamte Argument untergraben würde), nun ein großes Problem. Thomas erörtert zwei Optionen:

Als ersten Kandidaten nennt Thomas die Himmelskörper, verwirft diese Lösung aber sofort, weil der Wille zur Vernunft gehört und wie der Verstand nicht direkt durch einen Einfluss der Himmelskörper bewegt werden kann, auch wenn ein solcher Einfluss das Strebevermögen der vernunftlosen Lebewesen bewegt. Andernfalls würde daraus folgen, dass sich Vernunft und Verstand nicht von den Sinnen unterscheiden.[48] Diese Ablehnung liefert jedoch keine Lösung für das aufgeworfene Problem.

47 Siehe Anm. 21.

48 Siehe hier S. 32,25–34,11. Wie höhere Agenten auf niedrigere einwirken, erörtert Thomas in seiner *Epistula de operationibus occultis naturae* (Ed. Leonina XLIII, 183–186). In diesem Zusammenhang beschreibt und analysiert Thomas die vier hierarchischen Ebenen der okkulten Operation, die als Eindruck von Formen interpretiert wird – allerdings nicht durch himmlische Intelligenzen, sondern durch Himmelskörper. Nach dieser völlig naturalistischen

Der zweite Kandidat wird mit Verweis auf Aristoteles' Kapitel über das Glück in der *Eudemischen Ethik* eingeführt: Was den Verstand und den Willen tatsächlich zuerst bewegt, ist etwas, das höher steht als diese, nämlich Gott. Wenn aber der menschliche Wille vom Willen Gottes geprägt ist: Wie kann er dann nicht mit ihm übereinstimmen? Auf diese Weise wird das fünfte Gegenargument aus dem *Enchiridion* des Augustinus herangezogen. Aber dann, so schlussfolgert Thomas, sind die menschlichen Entscheidungen das Ergebnis einer unvermeidlichen Wahl.[49]

Thomas' Antwort ist kurz und klar: Da Gott alles nach der Natur der beweglichen Dinge bewegt (*secundum rationem mobilium*) – zum Beispiel bewegen sich leichte Dinge nach oben und schwere Dinge nach unten –, so bewegt er auch den Willen nach seiner Beschaffenheit (*secundum eius conditionem*), und zwar nicht auf eine notwendige Weise, sondern unbestimmt in Hinblick auf vieles (*non ut ex necessitate, sed ut indeterminate habentem ad multa*). Wenn wir also, so folgert Thomas, die Bewegung des Willens in Bezug auf die Ausführung einer

Erklärung sind okkulte Eigenschaften nur ein Beispiel innerhalb eines universellen Prozesses. Siehe hierzu Nicolas Weill-Parot, »La science et l'occulte dans la nature au Moyen Âge«, in *L'Homme et la Science. Actes du XVIe Congrès international de l'Association Guillaume Budé* (Montpellier, 1er–4 septembre 2008), textes réunis par Jacques Jouanna, Michel Fartzoff et Béatrice Bakhouche, Paris 2011, S. 523–531.

49 Siehe hier S. 34,12–15. – Siehe Aristoteles, *Eudemische Ethik* VII, c. 14 (1248a17–32). Siehe auch hier S. 8,14–19. (siehe Anm. 18); vgl. Augustinus, *Enchiridion*, c. 100 (PL 40, 279; CCL 46, 103).

Handlung (*ex parte exercitii actus*) betrachten, so wird der Wille offensichtlich nicht auf eine notwendige Weise bewegt.[50]

Aber was bedeutet es, dass Gott den Willen entsprechend seiner Beschaffenheit bewegt, so wie er jedes bewegliche Ding entsprechend seiner Natur bewegt? Insbesondere das Beispiel der Schwere und Leichtigkeit scheint eine Analogie zur natürlichen Kausalität nahezulegen. Aber die Formulierung »gemäß seiner Beschaffenheit« (*secundum eius conditionem*) weist auf eine andere Frage hin, die in der Tat hinter der kurzen Antwort des Thomas liegt und die ich im Folgenden entwickle.

Eine weitergehende Erläuterung liefert Thomas an mehreren Stellen seiner Widerlegungen. Denn unter den dort verhandelten Argumenten stechen diejenigen heraus, die sich mit der Frage befassen, inwiefern die Annahme eines absoluten göttlichen Willens in der Konsequenz nicht letztlich zu einer notwendigen Bestimmung der menschlichen Wahl führt und somit die freie Wahl aufhebt. Offensichtlich – so zeigt sich in den Widerlegungen etwa zu den Argumenten 3–5, 17 und 21[51] – entscheidet sich für Thomas an dieser Stelle,ob sein Argument stimmig ist. Das zeigt die Intensität und Ausführlichkeit, mit der Thomas diese Frage aus stets unterschiedlichen Perspektiven diskutiert. Die Frage, wie die menschliche Wahl mit dem Willen Gottes zusammenhängt, wird somit zum entscheidenden Prüfstein für Thomas' Argument bei der Verteidigung der freien Wahl gegen den Determinismus.

50 Siehe hier S. 34,15–20.
51 Siehe hier S. 41–43, 51 und 53–55.

An dieser Stelle lohnt ein Blick in die *Summa theologiae*, deren erster Teil mit einer ausführlichen Abhandlung über die göttliche Lenkung der Dinge (*gubernatio rerum*) schließt. Zuvor hatte sich Thomas mit der vernunftbegabten Kreatur, insbesondere dem Menschen, mit seinen körperlichen und seelischen Kräften, seiner Schöpfung und Zeugung usw. befasst. Unmittelbar nach dieser ausführlichen anthropologischen Abhandlung wendet er sich in Quaestio 103 dem Problem der göttlichen Lenkung zu. Er definiert Lenkung als Ausübung der Vorsehung (*executio providentiae*) durch ein aktives Prinzip, das seinen Sitz im Lenkenden hat.[52] Insofern also die göttliche Vorsehung gleichbedeutend mit der »guten Ordnung in den geschaffenen Dingen« als Teil der Schöpfung Gottes ist[53] – denn Gott, der die Dinge lenkt, ist zugleich ihre Ursache, da es zum selben Wesen gehört, ein Ding hervorzubringen und ihm Vollkommenheit zu verleihen[54] –, muss die göttliche Lenkung so verstanden werden, dass Gott alle Dinge zu ihrem Ziel bewegt. Dies tut er durch seinen Verstand, »denn er handelt nicht aus Naturnotwendigkeit, sondern durch Verstand und Willen« (*per intellectum et voluntatem*). Durch

52 S.th. I, q. 23, a. 2, c: »executio providentiae, quae gubernatio dicitur, passive quidem est in gubernatis; active autem est in gubernante.«

53 S.th. I, q. 22, a. 2, c: »Cum ergo nihil aliud sit Dei providentia quam ratio ordinis rerum in finem, ut dictum est, necesse est omnia, inquantum participant esse, intantum subdi divinae providentiae.«

54 S.th. I, q. 103, a. 5, c: »dicendum quod secundum eandem rationem competit Deo esse gubernatorem rerum, et causam earum, quia eiusdem est rem producere, et ei perfectionem dare, quod ad gubernantem pertinet.«

Vorsehung zu lenken bedeutet also nichts anderes, als die Dinge durch den Verstand auf ein Ziel hin zu bewegen.[55]

Dazu ist es jedoch erforderlich, dass »jede Handlung der Sache angemessen ist, deren Handlung sie ist«, denn die Bewegung ist »eine Handlung der bewegten Sache, die vom Beweger ausgeht«. Daher, folgert Thomas, »müssen verschiedene Dinge, die bewegt werden, auf verschiedene Weise bewegt werden, auch in Bezug auf die Bewegung, die durch einen einzigen Beweger verursacht wird«.[56] Die göttliche Lenkung besteht also darin, dass die Dinge auf verschiedene Art und Weise gelenkt werden, die ihrer Verschiedenheit entspricht, um zu einem ihnen angemessenen Ziel (*finis conveniens*) geführt zu werden. Für den Willen als ein aktives Prinzip bedeutet das, nicht auf eines festgelegt, sondern indifferent für vieles offen zu sein (*indifferenter se habens ad multa*). Und »so bewegt Gott den Willen auf die Weise, dass er ihn nicht mit Notwendigkeit auf eines festlegt, sondern dass seine Bewegung kontingent und nicht notwendig bleibt«.[57]

55 Summa contra gentiles (= Scg) III, c. 64 [n. 4]: »Movet igitur Deus omnia ad fines suos. Et per intellectum: ostensum enim est supra quod non agit per necessitatem naturae, sed per intellectum et voluntatem. Nihil est autem aliud regere et gubernare per providentiam quam movere per intellectum aliqua ad finem.«

56 Ibid.: »Omnis autem motus est actus mobilis a movente, ut dicitur in III Physic. Omnis autem actus proportionatur ei cuius est actus. Et sic oportet quod diversa mobilia diversimode moveantur, etiam secundum motionem unius motoris. Sic igitur secundum unam artem Dei gubernantis, res diversimode gubernantur, secundum earum diversitatem.«

57 S.th. I–II, q. 10, a. 4, c: »Respondeo dicendum quod, sicut Dionysius dicit, IV cap. de Div. Nom., *ad providentiam divinam non per-*

Thomas' Argument basiert also auf einer doppelten Annahme: Der vollkommene Wille Gottes ist keine *potestas absoluta*, keine Instanz absoluter Macht. Eine solche Vorstellung, die im Allgemeinen das Verständnis der Vorherbestimmtheit bzw. der Prädestination bestimmt, wird die spätmittelalterlichen Debatten dominieren. Für Thomas hingegen scheint Gott die Macht seines Willens selbst zu beschränken und an die Schöpfungsordnung zu binden. Dazu gehört jener Spielraum einer freien Wahl des Menschen, der sich aus der spezifischen Interaktion von Vernunft und Wille in Bezug auf das Handeln ergibt.

(4) Inwieweit bestimmt der Gegenstand den Willensakt?

Bisher hat Thomas in allen drei Argumentationsschritten überzeugend gegen eine allgemeine Bewegung allein durch Notwendigkeit und für eine freie Wahl (*electio*) argumentiert, die er in der Unbestimmtheit der eigentlichen menschlichen Handlungen und im deliberativen Charakter der Wahl gewährleistet sieht. Beide Merkmale hängen mit eben dieser Unbestimmtheit insofern zusammen, als selbst Gott, der alle Geschöpfe lenkt, diesen besonderen Status der vernunftbegabten Geschöpfe respektieren muss, insofern er jede Art von Dingen ihrer Natur gemäß bewegt. Auch hier wird Thomas' Argumentationsstrategie schnell

tinet naturam rerum corrumpere, sed servare. […] Quia igitur voluntas est activum principium non determinatum ad unum, sed indifferenter se habens ad multa, sic Deus ipsam movet, quod non ex necessitate ad unum determinat, sed remanet motus eius contingens et non necessarius.« – Vgl. *De divinis nominibus* IV, § 33 (PG 3, 733).

transparent: Er sucht nach irreduziblen Elementen in der Analyse des menschlichen Handelns, die eine spezifische Differenz ausmachen. Diese Differenz zwingt uns dazu, unsere Analyse in Bezug auf Methode und Gegenstand aufzuteilen.

Die entscheidende Frage betrifft die Bewegung des Willens in Bezug auf das Objekt, das den Willensakt, dieses oder jenes zu wollen, bestimmt. Was bringt den Willen tatsächlich dazu, dies oder jenes zu wollen? Ist der Wille völlig frei in der Wahl dessen, was er wählen will? Gibt es eine ganz und gar unbedingte Wahl? Was sind die Bedingungen auf der Seite des Objekts, das die Handlung bestimmt (*ex parte obiecti determinantis actum*)?

Thomas führt ein grundlegendes Kriterium ein: Das Objekt, das den Willen bewegt, muss ein Gut sein, das als geeignetes Gut (*bonum conveniens apprehensum*) erfasst wird.[58] Das bedeutet, dass ein Gut, das uns zwar als gut, aber nicht als geeignet vorgestellt wird, den Willen nicht bewegen wird.

Nehmen wir ein Beispiel: Die Flasche Wein, die ich kaufen möchte, muss mir zunächst gefallen, d. h. ich muss den Eindruck und einige Hinweise haben, dass es sich um einen guten Wein aus einer bevorzugten Region handelt. Das allein liefert keine Garantie, und alles kann sich am Ende anders darstellen (z. B. kann der Wein korkig schmecken), aber im Moment des Kaufs oder des Trinkens muss ich eine gute Erwartung gehabt haben. Hätte ich vorher gewusst, dass der Wein mir nicht schmeckt oder gar verdorben ist, so hätte ich diesen Wein nicht gekauft. Ich werde auch nicht in

58 Siehe hier S. 34,21–24.

ein Schuhgeschäft gehen, um eine Flasche Wein zu kaufen, sondern in eine Weinhandlung oder in einen Supermarkt, denn es muss eine realistische Chance bestehen, einen guten Wein zu finden.

Da sich die Überlegungen und Entscheidungen stets auf bestimmte Dinge beziehen – denn nur bestimmte Dinge sind die Objekte der Willensakte –, müssen wir gute und geeignete Dinge als gut und geeignet im Besonderen und nicht nur im Allgemeinen begreifen. Es geht bei der Wahl nicht um Wein im Allgemeinen, sondern um dieses Glas Wein vor mir auf dem Tisch. Das gilt auch für die Bestimmung des Glücks, das als ein erreichbares und geeignetes Gut erscheinen muss.

Und Thomas treibt den Gedanken noch einen Schritt weiter: Nur wenn wir etwas in jedem denkbaren Einzelfall als geeignetes Gut (*bonum conveniens*) begreifen, wird es notwendigerweise den Willen bewegen.[59] Dieses Kriterium gilt auch für das Glück, das der Mensch notwendigerweise anstrebt als »einen Zustand, der durch die Versammlung aller guten Dinge vollkommen ist«.[60]

Doch auf welche Art von Notwendigkeit bezieht sich Thomas, wenn er Boethius' berühmte Definition des Glücks zitiert? Und warum beruft sich Thomas überhaupt auf Boethius' Definition?

In der Tat wird die Ausrichtung auf das Glück, wie wir bereits in den Argumenten gesehen haben, zum letzten und entscheidenden Prüfstein. Thomas versteht die Definition

59 Siehe hier S. 36,5–8.

60 Siehe hier S. 36,8–10. – Vgl. Boethius, *De consolatione philosophiae* III, pr. 2 (CCL 94, 38).

des Boethius als ein analytisches Urteil, das in Bezug auf die Artbestimmung der Handlung evident ist, da der Mensch das Gegenteil nicht wollen kann, weil dies unweigerlich zu einem Selbstwiderspruch in Bezug auf die Zielbestimmung der menschlichen Natur führen würde. Andererseits gilt diese Evidenz nicht für die Ausführung der Handlung, da ein Mensch zu einem bestimmten Zeitpunkt auch einmal nicht an das Glück denken kann. Auch hier ist der entscheidende Punkt die Unterscheidung zwischen dem Objekt und dem Subjekt, d. h. zwischen der Festlegung und der Ausführung einer Handlung. Ersteres impliziert eine gleichsam metaphysische Notwendigkeit, die letztendlich im Satz vom Widerspruch gründet, so dass weder der Verstand noch der Wille gegen ihre in ihr Wesen eingeschriebene Neigung zum Wahren und Guten handeln können. Wenn wir dann – in einer Art von kontrafaktischem Argument – Boethius' Definition akzeptieren, dass Glück »ein Zustand ist, der durch die Versammlung aller guten Dinge vollkommen ist«, einschließlich der vollen Angemessenheit unter allen gegebenen Umständen, wird die Wahl tatsächlich zu einer Art von Notwendigkeit. Wenn aber ein solches Gut nicht in jeder denkbaren Einzelheit gefunden werden kann, wird es den Willen nicht notwendigerweise bewegen, auch nicht im Hinblick auf die Artbestimmung der Handlung.[61] Dann nämlich ist dies kein geeignetes Gut unter den Bedingungen der praktischen Vernunft, die Raum für Unbestimmtheit und Überlegung lassen muss. Die Evidenz einer vollständigen und vollkommenen Definition lässt keinen Raum für Ungewissheit, auch nicht in Bezug auf das Besondere.

61 Siehe hier S. 36,13–19.

Im Mittelpunkt von Thomas' Argumentation steht jedoch nicht eine formale Entscheidungstheorie, sondern ein Mensch, »der in der Lage ist, das Gegenteil zu wollen, wenn er selbst darüber nachdenkt, da das Gegenteil vielleicht gut oder geeignet ist im Hinblick auf einige andere besondere Erwägungen«[62] – wie zum Beispiel das Rauchen gut für den Genuss sein kann, aber nicht gut für die Gesundheit ist. Dies ist der Kontext der praktischen Vernunft, der für endliche Lebewesen *in statu viatoris*, d. h. in diesem Leben gilt.

Thomas nennt drei Hauptkontexte, die als besondere Bedingungen dienen, die den Willen zu dem bewegen, was ihm vorgelegt wird:

(1) etwas gewinnt ein Übergewicht (*praeponderantia*), was bedeutet, dass wir das, was für die Gesundheit nützlich ist, dem vorziehen, was für das Vergnügen nützlich ist;
(2) die Umstände (*circumstantiae*), denen zufolge eine Person einen bestimmten Anlass oder eine bestimmte Situation in Betracht zieht, hingegen eine andere vernachlässigt; und
(3) die Disposition des Menschen (*dispositio hominis*), wenn etwa jemand durch einen Habitus oder durch eine Leidenschaft dazu disponiert ist, dass ihm in diesem Einzelfall etwas als gut oder schlecht erscheint.[63]

Die Dispositionen eröffnen ihrerseits ein interessantes Feld für die Diskussion der Frage, ob der Wille aus Not-

62 Siehe hier S. 36,19–22.
63 Siehe hier S. 36,24–38,10.

wendigkeit bewegt wird. Das stimmt mit dem überein, was Thomas bereits erläutert hat. Da alle Menschen von Natur aus den Wunsch haben, zu sein oder zu existieren (*esse*), zu leben (*vivere*) und zu verstehen (*intelligere*), wird der Wille durch natürliche Notwendigkeit (*ex necessitate naturali*) dazu veranlasst, diese Wünsche, die Thomas an anderer Stelle als natürliche Neigungen (*inclinationes naturales*) bezeichnet, zu wählen, denn niemand kann seiner Natur widersprechen.[64]

Dies ist jedoch kein naturalistischer Fehlschluss. Man muss nach Thomas nämlich unterscheiden zwischen dem, was zur Natur des Menschen gehört, und dem, was daraus folgt. Das wird deutlich, wenn Thomas zwischen der Natur eines Ziels und dem Erreichen des Zieles (*adeptio finis*) unterscheidet. Die Notwendigkeit hinsichtlich des Zieles selbst, die sich aus der Natur ergibt, hebt also die Notwendigkeit der Wahl nicht auf, weil die Mittel nicht notwendigerweise aus dem Ziel folgen.

Schließlich gibt es noch andere natürliche Veranlagungen (*dispositiones*), wie Gewohnheiten (*habitus*) und Leidenschaften (*passiones*), die unser Handeln und unsere Wahl beeinflussen, allerdings nicht nach Art einer Naturnotwendigkeit. Diese Veranlagungen scheinen in einer bestimmten Hinsicht entweder gut oder schlecht zu sein. Da-

64 Siehe hier S. 38,13–17. Zu den *inclinationes naturales* siehe S.th. I–II, q. 94, a. 2 c. Hier führt Thomas die *inclinationes naturales* im Kontext der Lehre von der lex naturalis ein. Hierzu Andreas Speer, »Naturgesetz und Dekalog bei Thomas von Aquin«, in: Andreas Speer / Guy Guldentops (Hrsg.), *Das Gesetz – The Law – La Loi*, Berlin/Boston 2014, S. 350–370, bes. S. 361–365 (Miscellanea Mediaevalia 38).

her wird der Wille nicht notwendigerweise bewegt, sondern ein jeder kann selbst diese Dispositionen verändern, so dass diese nicht mehr als solche in Erscheinung treten, wie etwa, wenn jemand seinen Zorn besänftigt, um nicht im Zorn zu urteilen.[65]

5. Die Determinatio

Wendet man diese Bedingungen auf das Hauptkriterium für die notwendige Wahl des Willens an, nämlich »etwas in jedem denkbaren Fall und unter allen Umständen als geeignetes Gut zu begreifen«, so kann man bezweifeln, dass es jemals – zumindest in diesem Leben – eine Handlung geben wird, die dieses Kriterium erfüllt und folglich aus Notwendigkeit gewählt würde. Es erscheint kaum möglich, dass diese Bedingungen so vollkommen und vollständig erfüllt und gegeben sein können, so dass der Wille gezwungen wäre, aus Notwendigkeit zu wollen. Vielmehr sind wir letztlich der Ungewissheit und Unbestimmtheit unterworfen. Aber genau um diese Unbestimmtheit im Handeln geht es in der Moralphilosophie, wie Thomas in seinen einleitenden methodologischen Bemerkungen mit dem Anspruch dargelegt hat, die Prinzipien der Moralphilosophie gegen ihre Zerstörung zu verteidigen.[66]

Vor diesem Hintergrund erscheint die *Determinatio magistralis* recht zurückhaltend und moderat:

65 Siehe hier S. 38,17–24.
66 Siehe oben Anm. 22 und 23.

> So wird also der Wille auf Seiten des Objekts zu einigen Dingen aus Notwendigkeit bewegt, jedoch nicht zu allen. Aber auf Seiten der Ausführung der Handlung wird er nicht aus Notwendigkeit bewegt.[67]

Wir können also feststellen, dass die beiden Hauptargumentationslinien bezüglich des Objekts des Willens und der Ausführung seiner Handlung eine wichtige Rolle für die Behandlung der Frage der menschlichen Wahl in der *Quaestio unica* gespielt haben. Und obwohl wir kaum starke Beweise dafür gesehen haben, dass das Kriterium der Notwendigkeit jemals erfüllt sein könnte, nimmt Thomas diese Möglichkeit sehr ernst. Sie drängt ihn – in der Terminologie der zeitgenössischen Debatten – dazu, seinen im Grunde ›libertären‹ Ansatz mit einer ›kompatibilistischen‹ Sicht auf die Möglichkeit einer unvermeidlichen und notwendigen Wahl zu verbinden. In dieser Hinsicht passt Thomas' hochentwickeltes Argument weder in die Schemata der zeitgenössischen philosophischen Debatten noch in die scholastischen Kontroversen zwischen den sogenannten Intellektualisten und Voluntaristen unter Thomas' Zeitgenossen.[68]

Thomas' Ausgangspunkt ist weder ein abstraktes Szenario von Wahl und Entscheidung noch ein Gedankenexperiment, sondern ein sehr konkretes Szenario aus der Ich-Perspektive einer Person, die versteht und handelt. Diese

67 Siehe hier S. 40,1–3.

68 Hierzu u. a. Tobias Hoffmann / Cyrille Michon, »Aquinas on Free Will and intellectual Determinism«, in: *Philosopher's Imprint*, vol. 17, no. 10 (May 2017). (Online unter: https://quod.lib.umich.edu/p/phimp/3521354.0017.010/--aquinas-on-free-will-and-intellectual-determinism?view=image; letzter Zugriff: 11. 06. 2024.)

menschliche Handlung muss ebenso verstanden werden wie der einzelne Akt des Verstehens und der einzelne Mensch, der versteht und handelt.[69] Aus diesem Grund akzeptiert Thomas die schwächere Form der Evidenz, wie die Formulierung seiner *Determinatio magistralis* zeigt, die für die *in via*-Bedingungen in diesem Leben gültig ist. Aber genau diese Bedingungen bilden das praktische Szenario bei der Suche nach einem starken, irreduziblen Kriterium, das allen Versuchen, die Willensentscheidung auf natürliche Kausalität zu reduzieren, standhält.

Damit verweist Thomas auf den eigentümlichen Horizont der praktischen Vernunft: Überlegung, Beratschlagung und Abwägen, Wahl und auf Klugheit gründendes Urteil anstelle von Syllogistik, Demonstration, logischer Deduktion und formalem Entscheidungskalkül.

Dieses spezifische Verständnis von Moralphilosophie und Moraltheologie sollte in Erinnerung gerufen und neu bedacht werden, insbesondere vor dem Hintergrund zeitgenössischer Analysen, die moralische Entscheidungen oft als rein logische Operationen verstehen und rekonstruieren.

Aus diesem Ansatz ergibt sich der schematische Antagonismus von Freiheit und Determinismus. In diesem Bei-

69 Vgl. Thomas' Argument in seinem Traktat *De unitate intellectus*, in dem er das Problem des Verstehens und das Zusammenspiel der intellektuellen Fähigkeiten auf den einzelnen Menschen zurückführt, der versteht. Siehe *De unitate intellectus*, c. 3 (Ed. Leonina XLIII), p. 303,27–28: »Manifestum est enim quod hic homo singularis intelligit.« (»Es ist offenkundig, dass dieser einzelne Mensch versteht.«) – Siehe hierzu Alain de Libera, *L'unité de l'intellect. Commentaire du »De unitate intellectus contra averroistas« de Thomas d'Aquin*, Paris 2004, S. 192–197.

trag habe ich – mit Thomas von Aquin – gegen ein am Ausschlussverfahren orientiertes Modell und für ein differenziertes Verständnis dieses Antagonismus argumentiert. Auch Thomas nimmt dieses Problem sehr ernst, vermeidet jedoch künstlich konstruierte Oppositionen und abstrakte Fallrekonstruktionen. Stattdessen ist eine sorgfältige Kontextualisierung dieses Problems zu beobachten, die von der praktischen Erfahrung ausgeht und den zugrundeliegenden natürlichen Prozess – etwa die *appetitus*-Struktur allen Tätigseins – berücksichtigt. Diese Strebensstruktur bildet auch den Ausgangspunkt menschlichen Handelns, dessen spezifische Form von der menschlichen Vernunft bestimmt ist, die eine endliche, diskursive Vernunft eines an seine materiellen Bedingungen gebundenen Intellekts ist. Letztlich ist es diese menschliche Vernunft, von der die freie Wahl (*libera electio*) als determinierte, aber nicht auf Naturnotwendigkeit reduzierbare Freiheit ausgeht.

Diese Position verteidigt Thomas auch in den Antworten auf die eingangs vorgetragenen Gegenargumente. Diese Widerlegungen dienen zum einen als Probierstein für die Überzeugungskraft seines Meisterarguments. Sie zeigen zum anderen noch einmal die möglichen kritischen Punkte, die Thomas in seiner eigenen Argumentation sieht. So kommt es, dass er, während er die in seinen Augen erledigten Einwände vergleichsweise kurz beantwortet, sich für die kritischen Einwände noch einmal Zeit nimmt und versucht, seine Antwort nochmals zu erläutern und zu präzisieren. Das gilt für die Frage nach der Reichweite und Wirksamkeit des göttlichen Willens (ad 3–5, 17 und 21), nach dem Verhältnis von Ziel und Mittel (ad 8 und 9), nach dem Verhältnis von Ursache und Wirkung (ad 15 und 21)

sowie nach dem Verhältnis von Intellekt und Wille (ad 10 und 18).[70] Sie seien zur Lektüre empfohlen.

6. Nachwirkung und bleibende Bedeutung

Erinnern wir uns: Gleich zu Beginn nimmt Thomas mit seiner wissenschaftlichen Streitschrift über die menschliche Wahl Bezug auf eine Debatte, die im letzten Drittel des 13. Jahrhunderts an der Pariser Universität eine erhebliche Brisanz entwickelt und nicht nur zu der bereits erwähnten Verurteilung von 13 Thesen durch den Pariser Bischof Étienne Tempier am 10. Dezember 1270, auf die sich Thomas bezieht,[71] sondern auch in einer folgenden Eskalationsstufe zu der Verurteilung von 219 Thesen durch den gleichen Bischof am 7. März 1277 führt.[72] Eine besonders umstrittene Frage galt dem Verhältnis von Notwendigkeit und Kontingenz.

Die hauptsächliche Kritik galt dem Nezessitarismus, der in seinen deterministischen Varianten entweder das Weltgeschehen im Ganzen als eine geschlossene Ursachenkette

70 Siehe hier S. 41–45 und 49–55.

71 Siehe Anm. 2.

72 Roland Hissette, *Enquête sur les 219 articles condamnés à Paris le 7 mars 1277*, Louvain/Paris 1977 (Philosophes Médiévaux, XXII); David Piché, *La condamnation parisienne de 1277. Texte latin, traduction, introduction et commentaire*, Paris 1999; Jan A. Aertsen / Kent Emery, Jr. / Andreas Speer (Hrsg.), *Nach der Verurteilung von 1277. Philosophie und Theologie an der Universität von Paris im letzten Viertel des 13. Jahrhunderts. Studien und Texte*, Berlin / New York 2000 (Miscellanea Mediaevalia 28).

im Ausgang von einer ersten kausalen Aktivität begreift, oder in unterschiedlichen deterministischen Varianten das menschliche Wollen und Handeln unter dem unausweichlichen Einfluss der Himmelsbewegungen sieht. Ein solcher kosmologischer Nezessitarismus ist für Thomas aus philosophischen wie aus theologischen Gründen unhaltbar, da durch die notwendige Bewegung zum Wollen jede Form von Überlegung, Ermahnung, Gebot und Strafe, Lob und Tadel und damit der eigentümliche Gegenstand jeder Moralphilosophie aufgehoben würde.[73]

Doch gilt die Kritik nicht nur dem kosmologischen Determinismus, sondern auch jeder Form eines internen intellektualistischen Determinismus. Auch diese Frage hat Thomas adressiert und mit der klaren Unterscheidung in eine theoretische Vernunft, deren Schlüsse durchaus zwingend und verbindlich sein können, und in eine praktische Vernunft, die sich ihrem Wesen nach indeterminiert auf vieles beziehen kann, eine Antwort gegeben.[74]

Diese Antwort verweist auf eine weitere Debatte, die mitunter etwas holzschnittartig unter dem Titel ›Intellektualismus vs. Voluntarismus‹ firmiert. Gegenstand der Debatte sind moralpsychologische und ethische Theorien über die Bedeutung von Vernunft und Willen bei der Verursachung einer Handlung. Intellektualismus und Voluntarismus markieren hierbei Positionen, die einen klaren Primat des Intellekts oder aber des Willens annehmen.[75] Im

73 Siehe hier S. 25.

74 Siehe hier S. 27 und 35.

75 Siehe im Überblick Tobias Hoffmann, »Intellectualism and Voluntarism«, in: Robert Pasnau (Hrsg.), *The Cambridge History of Medieval Philosophy*, vol. 1, Cambridge 2009, S. 414–427.

Mittelpunkt steht dabei die Frage, ob der Mensch frei wählen kann und worin genau die freie Wahl besteht.

Thomas vermeidet Extrempositionen und geht, wie wir gesehen haben, von einer wechselseitigen Abhängigkeit und von einem engen Zusammenspiel von praktischer Vernunft und dem Willen im Akt des Wählens aus. Die freie Wahl entspringt der Möglichkeit des Willens, zwischen Alternativen zu wählen, die sich der Tatsache verdanken, dass der Intellekt das zu wählende Objekt nur in seiner Allgemeinheit erfasst.

Dennoch wird Thomas von seinen Kritikern vorgehalten, dass die Freiheit nicht nur in einer Urteilsfreiheit liegen kann, die der Intellekt offenhält, sondern weit eher im Willen selbst liegen müsse, der allein aus sich heraus bewegend ist, ja sogar in den Worten Heinrichs von Gent (1217–1292) ein erster Beweger (*primus motor*) ist.[76] Für Johannes Duns Scotus († 1308) ist der Wille sogar das eigentlich rationale Vermögen und mit Blick auf alternative Möglichkeiten undeterminiert. Das gilt sowohl für gegensätzliche Handlungen (etwas zu wollen oder nicht zu wollen, zu lieben oder zu hassen). Zudem können wir uns frei mittels entgegen-

76 Heinrich von Gent, *Quodlibet* I, q. 16, sol. hrsg. von Raymond Macken, Leuven/Leiden 1979, S. 108 (Opera omnia V): »Nullo ergo modo voluntas principium libertatis a ratione habet sed a se ipsa primo, et sic electio libera.« (»Auf keine Weise hat daher der Wille das Prinzip der Freiheit von der Vernunft, sondern zuerst von sich, und so ist die Wahl frei.«) – Zum Kontext siehe die gesamte Quaestio 16, ebd., S. 94–115. Ferner *Quodlibet* I, q. 14, sol., S. 85 (Opera omnia V): »Voluntas autem est universalis et primus motor in toto regno animae.« (»Der Wille aber ist allgemein und der erste Beweger im ganzen Reich der Seele.«)

gesetzter Handlungen auf einen Gegenstand wenden, und schließlich besteht Freiheit hinsichtlich der hervorgebrachten Wirkungen.[77]

Demgegenüber hält Ägidius Romanus (1243–1316) daran fest, dass der Intellekt undeterminiert ist und erst durch einen Willensakt auf eine bestimmte Handlung hin bestimmt wird. Während ›Intellektualisten‹ betonen, dass ein freier Akt rational sein muss und sich intentional auf das erfasste Objekt bezieht und durch den Intellekt beurteilt wird, betonen ›Voluntaristen‹ den Primat des Willens, der in einer gegebenen Situation über die beste Option entscheidet.[78]

77 Johannes Duns Scotus, *Lectura* I, d. 39, q. 1–5 § 45, Vatican 1966, S. 493 (Opera omnia XVII): »Voluntas enim nostra libera est ad actus oppositos (ut ad volendum et nolendum, et amandum et odiendum), et secundo mediantibus actibus oppositis est libera ad obiecta ut libere tendat in ea, et tertio est libera ad effectus quos producit sive immediate sive movendo alias potentias exsecutivas.« (»Unser Wille nämlich ist frei mit Bezug auf einander entgegengesetzte Akte (wie zu wollen und nicht zu wollen, zu lieben und zu hassen); zum zweiten ist er vermittels gegensätzlicher Akte frei in Hinblick auf Gegenstände, sich frei diesen zuzuwenden; und drittens ist der Wille frei mit Blick auf die Wirkungen, die er entweder unmittelbar hervorbringt oder indem er andere ausführende Vermögen bewegt.«) Zum weiteren Kontext siehe §§ 45–52, S. 493–496 (Op. omn. XVII); vgl. *Reportatio* I A 39–40, q. 1–3, § 41–44, *Pariser Vorlesungen über Wissen und Kontingenz*, hrsg. und übers. von Joachim Söder, Freiburg i. Br. 2005, S. 86–89 (HBPhMA 4).

78 Siehe Tobias Hoffmann, »Intellectualism and Voluntarism« (siehe Anm. 75), S. 421–426. Einen guten Überblick über die Diskussion bietet auch die Einleitung von Jörn Müller zu Heinrich von Gent, *Quaestiones quodlibetales. Ausgewählte Fragen zur Willens- und Freiheitslehre*. Übers. und eingel. von Jörn Müller, Freiburg i. Br. 2011, S. 11–64 (HBPhMA 28).

In dieser Debatte vermeidet Thomas ganz offensichtlich beide Extreme: Praktische Vernunft und der Wille sind miteinander verschränkt und kommen im Moment der Wahl zusammen. Dank der klaren Unterscheidung zwischen theoretischer und praktischer Vernunft vermeidet er eben jenen intellektuellen Determinismus, den etwa Wilhelm de la Mare († 1285) in seinem *Correctorium* in durchaus polemischer Absicht Thomas vorwirft.[79] Dass der Wille als vernünftiges Strebevermögen (*appetitus rationalis*) als eine Spezifikation aus dem natürlichen Strebevermögen (*appetitus naturalis*) abgeleitet ist, verweist auf die naturale Basis menschlichen Handelns und Wählens, und markiert zugleich die nicht reduzierbare Differenz gegenüber naturalistischen Erklärungsmodellen.

Das hindert Thomas jedoch nicht daran, determinierende Faktoren in Rechnung zu stellen. Denn wir handeln stets unter Bedingungen, unter gewissen Umständen, auf der Basis bestimmter Dispositionen. Letztlich geht es ihm jedoch weniger um die abstrakte Frage von Vernunft und Willen, sondern um das Verstehen einer konkreten kontingenten Handlung. Es ist dieser Mensch, der in einer konkreten Situation wählt und handelt.

Es gibt unterschiedliche Versuche, Thomas' Position in der gegenwärtigen Debatte zu lokalisieren:[80]

79 Palémon Glorieux, *Les premières polémiques thomistes* I. *Le Correctorium corruptorii »Quare«*, 55. In I–II art. VII, Le Saulchoir 1927, S. 232–233 (Bibliothèque thomiste IX): »Quod homo per voluntatem determinat se ad volendum hoc vel illud« (»Dass der Mensch sich durch seinen Willen dazu bestimmt, dieses oder jenes zu wollen«).

80 Eleonore Stump diskutiert in ihrem Buch *Aquinas* (London /

Deutlich ist Thomas' Ablehnung deterministischer Positionen. Und so verteidigt er die Freiheit der Wahl vor allem gegen einen kosmologischen Nezessitarismus. Allerdings sieht er diese Freiheit nicht so sehr in einem starken Prinzip begründet wie diejenigen, die den Willen – vergleichbar mit Vertretern des Libertarismus – als ein solches erstes Prinzip setzen; die Freiheit ergibt sich vielmehr aus einem gewissen Mangel an Determiniertheit der Vernunft, die ihre Gegenstände abstrakt und allgemein erfasst und auf diese Weise einen Möglichkeitsraum eröffnet, der eine Wahl erfordert. In diesem Sinne gibt es keinen intellektuellen Determinismus mit Bezug auf das Handeln.

Aus kompatibilistischer Perspektive, der zufolge sich Freiheit und Determiniertheit nicht notwendigerweise ausschließen, könnte man einwenden, dass Thomas selbst determinierende Faktoren in Rechnung stellt. Doch heben diese das irreduzible Freiheitsmoment nicht auf, das in der Universalität des immer unbestimmt zu vielen Dingen geneigten Verstandes begründet liegt. Allerdings gesteht Thomas zu, dass »der Wille auf Seiten des Objekts zu eini-

New York 2003) Thomas' Position im Kontext zeitgenössischer Debatten etwa rund um die »ability to do otherwise« und im Spannungsfeld von »libertarianism and causal determination« und sieht »Aquinas among the libertarians«, jedoch mit einer Aufmerksamkeit für determinierende Faktoren, allerdings mit größten Vorbehalten gegenüber einem Kompatibilismus; siehe ebd. S. 287–306 sowie S. 533–534 mit den Anm. 1–6, die einen guten Literaturüberblick geben. Auch für Tobias Hoffmann und Cyrille Michon (siehe Anm. 68) ist Thomas' Position nicht mit einem Determinismus vereinbar, auch nicht mit einem intellektuellen Determinismus.

gen Dingen aus Notwendigkeit bewegt wird«.[81] Er diskutiert hier den konkreten Fall eines höchsten und zugleich angemessenen Gutes, der Glückseligkeit, das unter keinen Umständen nicht gewählt werden kann, weil dies in einen Widerspruch führen würde. Doch auch für die Glückseligkeit gilt, »dass der Wille hinsichtlich der Ausführung der Handlung nicht aus Notwendigkeit bewegt wird«.[82] Entsprechend lautet die abschließende Antwort, die *Determinatio magistralis*, am Ende des *Corpus articuli*.

Es ist dieser Rückbezug der freien Wahl auf das konkrete Handeln, der Thomas' Argument auch für heutige Leser bedenkenswert macht, selbst wenn sich viele wissenschaftliche Weltbildannahmen geändert haben mögen. Das gilt insbesondere dann, wenn man dem Behaviorismus, also der Richtung der Psychologie, die sich ausschließlich auf beobachtbares Verhalten konzentriert, nicht das letzte Wort einräumt, sondern Verhalten und Handeln unterscheidet. Handeln aber ist durch Freiheit und Verantwortlichkeit bestimmt und durch die Möglichkeit der Wahl, die nicht nur in unserer Vorstellung geschieht, während die Welt in Wahrheit determiniert ist. Thomas zeigt, dass die menschliche Wahl einer weder auf naturgesetzliche Kausalität noch auf logische Notwendigkeit reduzierbaren Undeterminiertheit entspringt, die allererst den Raum der Moral eröffnet. Dieser Raum bedarf in der Konsequenz einer eigenen Wissenschaft, der Ethik, die als praktische Wissenschaft das Handeln selbst in seiner ganzen Eigentümlichkeit zum Gegenstand hat.

81 Siehe hier S. 37.
82 Siehe ebd.

Zum Autor

Thomas von Aquin wurde kurz vor oder kurz nach Neujahr 1225 im Schloss Roccasecca nahe Aquino als siebtes Kind des Grafen Landulf von Aquino geboren. Im Alter von fünf Jahren wurde er als jüngster Sohn zunächst von seiner Familie für das Klosterleben bestimmt und als Oblate in das Benediktinerkloster Montecassino geschickt, das 529 n. Chr. von Benedikt von Nursia gegründet worden war und zum Vorbild für die klösterlichen Bildungsinstitutionen im lateinischen Abendland wurde.

Doch Thomas verlässt Montecassino. Ihn zieht es nach Neapel an das Studium Generale an der dortigen, 1224 von Friedrich II. gegründeten Universität, wo er sich im Herbst 1239 einschreibt. Dort trifft er auch auf die Dominikaner, die 1215 als Bettelorden gegründet wurden und eine große Faszination auf den jungen Thomas ausüben.

Gegen den Willen seiner Familie tritt er wahrscheinlich 1244 dem neuen Reformorden bei und geht 1245 nach Paris zum Studium an die 1200 gegründete Universität. Hier wird Thomas Zeuge der Aristotelesrezeption und der beginnenden Kommentartätigkeit.

In Paris studiert er unter anderem bei Albertus Magnus († 1280), dem er 1248 für vier Jahre als Student und Assistent an das neu gegründete Generalstudium der Dominikaner in Köln folgt.

Anlässlich seines ersten Lehraufenthalts in Paris als Bakkalar ab 1252 entsteht – zugleich als Qualifikationsschrift – sein Kommentar zu den Sentenzen des Petrus Lombardus. Im Februar 1256 erteilte der Kanzler der Universität Paris Thomas die Lehrerlaubnis (*licentia docendi*). Er lehrt dann

drei Jahre als Magister der Theologie in Paris, bevor er 1259 nach Italien zurückkehrt. In diese Zeit fällt die Arbeit an Thomas' erster theologischer Summe, der *Summa contra gentiles*, ein Lehrbuch des christlichen Glaubens für Nicht-Christen.

Von 1261 bis 1265 ist Thomas zunächst Konventslektor in Orvieto, sodann von 1265 bis 1268 Magister am Studium der Dominikaner in Rom.

In Rom beginnt Thomas auch mit der Arbeit an seiner *Summa theologiae*, die einen umfassenden Entwurf der Theologie als Wissenschaft im aristotelischen Sinn darstellt, zugleich eine Vielzahl systematischer philosophischer Fragen behandelt, so im ersten Teil zur Ontologie und Transzendentalienlehre, zur Epistemologie und Psychologie, im zweiten Teil zur Handlungstheorie, zur Tugendlehre und zu Fragen einer angewandten Ethik.

Den größten Teil der *Summa theologiae* vollendet Thomas in Paris, wohin er 1268 zurückkehrt, um zum zweiten Mal den Dominikanerlehrstuhl an der theologischen Fakultät der Sorbonne einzunehmen. Die vierjährige Lehrtätigkeit in Paris ist geprägt von scharfen Debatten, in denen Thomas klare Positionen bezieht: etwa gegen die sogenannten Averroisten in der Frage der Einheit des menschlichen Intellekts. Neben Vorlesungen und öffentlichen Disputationen verfasst Thomas zahllose Aristoteleskommentare: zur *Physik* und zur *Metaphysik*, zu *Perihermeneias* und den beiden *Analytiken* sowie zur *Nikomachischen Ethik*. In dieselbe Zeit fällt die Arbeit am zweiten, der Ethik gewidmeten Teil der *Summa theologiae*.

Nach vier intensiven Jahren verlässt Thomas 1272 Paris und kehrt nach Neapel zurück, wo er seine letzten Vorle-

sungen hält, u. a. zu den Paulusbriefen. Unter den Studenten war auch sein späterer Biograph Wilhelm von Tocco (1240–1323), der von 1272 bis 1273 bei Thomas in Neapel studierte.

Thomas stirbt am 7. März 1274 auf der Reise zum zweiten Konzil von Lyon, an dem er auf Wunsch des Papstes teilnehmen sollte, im Benediktinerkloster Fossanova nach kurzer schwerer Krankheit.

Die Heiligsprechung erfolgte 1323 durch Papst Johannes XXII. bereits 50 Jahre nach seinem Tod.

Das umfangreiche Werk des Thomas umfasst:

- die drei systematischen theologischen Schriften: den Sentenzenkommentar und die beiden Summen, die *Summa contra gentiles* und die *Summa theologiae*
- zahlreiche Disputationen aus den beiden Pariser Lehrtätigkeiten als Magister: *Über die Wahrheit* (*De veritate*), *Über die Macht Gottes* (*De potentia*), *Über das Böse* (*De malo*), *Über die Seele* (*De anima*), *Über die geistigen Substanzen* (*De spiritualibus creaturis*), *Über die Tugenden* (*De virtutibus*) und *Über die Inkarnation* (*De unione verbi incarnati*) sowie eine Sammlung von *Quaestiones de quolibet* zu unterschiedlichsten Themen und Anlässen
- Bibelkommentare zu Schriften aus dem Alten Testament (zu Jesaja, Jeremia und Hiob, ferner zu den Psalmen) und aus dem Neuen Testament (zum Matthäus- und zum Johannesevangelium und zu den Paulusbriefen), ferner die sogenannte *Catena aurea*, eine Auslegung der vier Evangelien
- Aristoteleskommentare: überliefert sind seine Kommentare zu *De anima* und zu *De sensu et sensato*, zur

Physik und zu den *Meteora*, zu *Perihermeneias* und zu den beiden *Analytiken*, zur *Nikomachischen Ethik* und zur *Politik*, zur *Metaphysik*, zu *De caelo et mundo* und zu *De generatione et corruptione*
- Kommentare zu Schriften, die der platonischen Tradition angehören: zwei Trakate des Boethius (*De Trinitate* und *De hebdomadibus*), zum *Buch von den Ursachen* (*Liber de causis*) und zur Schrift *Über die göttlichen Namen* (*De divinis nominibus*) des Pseudo-Dionysius
- kleinere Traktate zu besonderen Themen, darunter die Schrift *Über Sein und Wesen* (*De ente et essentia*), *Über die Prinzipien der Natur* (*De principiis naturae*) und *Über die abgetrennten Substanzen* (*De substantiis separatis*)
- polemische Schriften, in denen Thomas zu umstrittenen Themen wie zur Einheit des Intellekts (*De unitate intellectus contra averroistas*) und zur Ewigkeit der Welt (*De aeternitate mundi*), aber auch zur Verteidigung der Lebensform der Bettelorden (*De perfectione spiritualis vitae*) Stellung bezieht
- Briefe und Gutachten vor allem zu theologischen Streitfragen sowie liturgische Werke, Predigten und Gebete.

Die kritische Edition des Gesamtwerks liegt in der Verantwortung der Commissio Leonina, die 1879 durch Papst Leo XIII. begründet wurde und heute in Paris ihrer Arbeit nachgeht (Internetauftritt: https://www.commissioleonina.org/).

Literaturhinweise zu biographischen Details:

Jean-Pierre Torrell: Magister Thomas. Leben und Werk des Thomas von Aquin. Freiburg i. Br. 1995.

Pasquale Porro: Thomas Aquinas. A Historical and Philosophical Profile. Übers. von Joseph G. Trabbic und Roger W. Nutt. Washington 2016.

Inhalt